W0473184

Als 1912 zum ersten Mal ein Buch von Franz Kafka erschien – ›Betrachtung‹ –, enthielt es nur sehr kurze Prosastücke – Kurt Tucholsky befand damals, sie seien »tief und mit den feinfühligsten Fingern gemacht«, ein anderer Kritiker, Otto Pick, erkannte aus ihnen, daß dieser Autor fähig sei, »größere Prosawerke von einer besonderen Art zu schaffen«. Das eine war so genau gesehen, wie das andere vorausschaute. Seine kleine, kurze Prosa verstand Franz Kafka vermutlich als eine Art Gedicht, in dem Form und Aussage, aufs äußerste komprimiert, sich zur Aussage verbinden; seine Sprache behielt durch zwanzig Jahre hindurch nach einem Kritikerwort ihre »Leichtigkeit französischer Meisterprosa«. Dabei ist die Spannweite seines Ausdrucks groß, sie reicht vom Humor über Melancholie hin zum Paradoxen. Albert Ehrenstein hat Kafkas kurze Prosa mit den »seltenen Gebilden eines verstandesmäßig unverwüstbaren Traumes« verglichen – das kommt ihr sehr nahe.

Jürgen Born, Mitherausgeber der Kritischen Kafka-Ausgabe, hat kurze Prosa Kafkas aus zwanzig Jahren aus den Notizheften und Tagebüchern, unabhängig von ihrer Überlieferung, ausgewählt und neu zusammengestellt. Seine Anordnung dieser Skizzen, Situationsbeschreibungen und Betrachtungen nach Motivkreisen und Themengruppen, nicht nach der Chronologie ihrer Entstehung, mag daher sehr wohl auch dem Zweck der Literaturvermittlung an Schule und Hochschule dienen: Sie erlaubt nämlich – über die Würdigung der konzentrierten Sprachkraft dieses Autors hinaus – auch Übungen zur Interpretation. Eine Auswahlbibliographie kommentierender Texte ergänzt den Band.

Franz Kafka wurde am 3. Juli 1883 als Sohn jüdischer Eltern in Prag geboren, der Stadt, in der er nahezu sein ganzes Leben verbrachte. Nach Schulbesuch und Jurastudium, das er 1906 mit der Promotion abschloß, absolvierte er zunächst ein einjähriges Rechtspraktikum, bevor er 1907 in die Prager Filiale der *Assicurazioni Generali* und 1908 schließlich in die *Arbeiter-Unfall-Versicherungs-Anstalt* eintrat, deren Beamter er bis zu seiner frühzeitigen Pensionierung im Jahre 1922 blieb. Im Spätsommer 1917 erlitt Franz Kafka einen Blutsturz; es war der Ausbruch der Tuberkulose, an deren Folgen er am 3. Juni 1924, noch nicht 41 Jahre alt, starb.

Franz Kafka
Poseidon

und andere kurze Prosa

Ausgewählt und
mit einem Nachwort von
Jürgen Born

Fischer
Taschenbuch
Verlag

Originalausgabe
Veröffentlicht im Fischer Taschenbuch Verlag GmbH,
Frankfurt am Main, Dezember 1994

Der Abdruck der Texte erfolgt mit Genehmigung von
Schocken Books, Inc., New York City, USA
Der Abdruck der Zeichnungen Kafkas
erfolgt mit Genehmigung des
S. Fischer Verlags GmbH, Frankfurt am Main
Alle Rechte vorbehalten durch
S. Fischer Verlag GmbH, Frankfurt am Main
Quellennachweis im Anhang unter ›Textnachweise‹, Seite 165–169
Für diese Zusammenstellung:
© 1994 Fischer Taschenbuch Verlag GmbH, Frankfurt am Main
Satz: Otto Gutfreund GmbH, Darmstadt
Druck und Bindung: Clausen & Bosse, Leck
Printed in Germany
ISBN 3-596-12298-8

Gedruckt auf chlor- und säurefreiem Papier

Inhalt

VII

VIII

Anhang

Die Guten gehn im gleichen Schritt.
Ohne von ihnen zu wissen,
tanzen die andern um sie
die Tänze der Zeit.

Franz Kafka

Vorbemerkung

Wählt der Herausgeber die Überschrift eines bestimmten Prosastücks zum Titel seines Bandes, so verbindet er damit gewöhnlich eine Absicht. Das trifft auch hier zu. Kafkas Porträt vom griechischen Meergott als submarinem Verwaltungsbeamten trägt grotesk-komische Züge. Jedenfalls überwiegen in diesem Stück – wie in einer Reihe anderer der vorliegenden Sammlung – eher komische oder grotesk-komische Elemente. Neben den nachdenklich oder betroffen machenden, ja beunruhigenden Prosastücken Kafkas sollen hier auch jene zur Geltung kommen, in denen das komische Element vorherrscht – sei es durch Umkehrung gewohnter Vorstellungen, durch Übertreibungen oder durch paradoxe Zuspitzungen. Auch wenn hinter dem Komischen manchmal ganz plötzlich etwas Unheimliches sichtbar wird – und umgekehrt. Dieses unerwartete Umschlagen, vor allem vom Komischen ins Ernste, ja Verhängnisvolle, gehört zu den Eigentümlichkeiten von Kafkas Erzählkunst. Selbst hinter dem pausenlosen Rechnen des grotesk-komisch anmutenden Verwaltungsbeamten Poseidon verbergen sich Züge bitterer Selbstironie des Autors.

Das diesem Band vorangestellte Motto kennzeichnet eine Grundhaltung Kafkas. Er unterscheidet sich von vielen seiner zeitgenössischen Schriftstellerkollegen durch seine Unabhängigkeit, ja durch seine Unbekümmertheit gegenüber literarischen Trends und Moden. So sehr man auch versuchte, die Themen seiner Erzählungen mit denen des damals in Blüte stehenden Expressionismus in Verbindung zu bringen (z. B. dem des Vater-Sohn-Konflikts), seine Sprache zeigt nicht die geringste Spur von Übersteigerung oder von anderen Besonderheiten expressionistischen Stils. Seine Prosa ist, im Gegenteil, sorgsam geformt, schlicht, von großer Klarheit.

Kurt Wolff, eigentlich der einzige Verleger Kafkas, sprach es rückblickend in einem »Credo« besonders entschieden aus: Die »Dichter und Schriftsteller von Rang«, die er verlegt habe, hätten »mit dem Expressionismus *nichts* zu tun«, auch wenn man sie heute mit dieser Bewegung in Verbindung brächte. Als ersten nennt er »*Kafka*, der Johann Peter Hebel dichterisch [. . .] näher steht als irgendeinem Schriftsteller des 20. Jahrhunderts«.[1]

Die in diesem Band versammelten Prosastücke sind nur selten Erzählungen, die meisten von ihnen sind vielmehr Skizzen, Situationsbeschreibungen, Zustandsschilderungen, Parabeln oder, um Kafkas Bezeichnung zu gebrauchen, »Betrachtungen«. Ausgewählt wurden neben den bekannten, bereits vielfach abgedruckten ›Vor dem Gesetz‹ und ›Eine kaiserliche Botschaft‹ auch einige Texte, die verstreut in Kafkas Tagebüchern und Notizheften stehen und bisher noch in keiner Sammlung als selbständige Stücke abgedruckt sind: z. B. die »Situationsbeschreibung« ›[Reisender werden]‹, entstanden 1917; sie gehört thematisch wie im Duktus in die Nähe von Texten wie ›Wunsch, Indianer zu werden‹ oder ›Kinder auf der Landstraße‹, die freilich sieben bzw. zehn Jahre früher entstanden und schon 1912 im Band ›Betrachtung‹ veröffentlicht worden waren. Auch Stücke wie ›[Der alte Bettler]‹, ›[Der storchartige Vogel]‹, ›[Der Schlangenbeschwörer]‹ u. a. sind noch nie gesondert erschienen,

[1] Kurt Wolff: ›Autoren / Bücher / Abenteuer. Betrachtungen und Erinnerungen eines Verlegers‹. Berlin 1965, S. 23f.

stehen aber an Selbständigkeit anderen Skizzen und Fragmenten Kafkas nicht nach, die er noch selbst zum Druck gegeben hat.

Manche der kurzen Prosastücke sind, wie Kafka es von seiner – ungleich umfangreicheren – Erzählung ›Das Urteil‹ einmal schrieb, »mehr gedichtmäßig als episch«; diese Charakterisierung sollte seinen damaligen Verleger davon überzeugen, daß diese Art Dichtung »ganz freien Raum um sich« brauche, »wenn sie sich auswirken soll«[2]. Der Satzspiegel des vorliegenden Bandes sucht dieser Qualität der kurzen Prosa Kafkas zu entsprechen.

Die hier dargebotenen Texte folgen einander nicht in der Chronologie ihrer Entstehung, auch nicht in der ihrer Erstveröffentlichung; Motiv- und Themenkreise – mehr darüber im Nachwort – bestimmen die Anordnung. Alle *nicht* von Kafka stammenden Überschriften stehen in eckigen Klammern. Es sind Titel von Max Brod bzw. von Nahum N. Glatzer (Franz Kafka, ›Parables and Paradoxes‹. Bilingual Edition, New York 1961) oder vom Herausgeber

[2] Franz Kafka: ›Briefe 1902–1924‹. 7.–9. Tsd. Frankfurt/M. o.J. [1966], S. 148f. Ein Stück wie ›[Nachts]‹ zum Beispiel hat E. R. Davey zu Recht als »prose poem« bezeichnet; vgl. in diesem Band S. 182.

des vorliegenden Bandes; ihre Herkunft wird im einzelnen in den Textnachweisen auf S. 165 ff. angegeben.

I

Wunsch, Indianer zu werden

Wenn man doch ein Indianer wäre, gleich bereit, und auf dem rennenden Pferde, schief in der Luft, immer wieder kurz erzitterte über dem zitternden Boden, bis man die Sporen ließ, denn es gab keine Sporen, bis man die Zügel wegwarf, denn es gab keine Zügel, und kaum das Land vor sich als glatt gemähte Heide sah, schon ohne Pferdehals und Pferdekopf.

[Reisender werden]

In einem Eisenbahnzug sitzen, es vergessen, leben wie zuhause, plötzlich sich erinnern, die fortreißende Kraft des Zuges fühlen, Reisender werden, die Mütze aus dem Koffer ziehn, den Mitreisenden freier, herzlicher, dringender begegnen, dem Ziel ohne Verdienst entgegengetragen werden, kindlich dies fühlen, ein Liebling der Frauen werden, unter der fortwährenden Anziehungskraft des Fensters stehn, immer zumindest eine ausgestreckte Hand am Fensterbrett liegen lassen. Schärfer zugeschnittene Situation: Vergessen daß man vergessen hat, mit einem Schlage ein im Blitzzug allein reisendes Kind werden, um das sich der vor Eile zitternde Waggon anstaunenswert im Allergeringsten aufbaut wie aus der Hand eines Taschenspielers.

Kinder auf der Landstraße

Ich hörte die Wagen an dem Gartengitter vorüberfahren, manchmal sah ich sie auch durch die schwach bewegten Lücken im Laub. Wie krachte in dem heißen Sommer das Holz in ihren Speichen und Deichseln! Arbeiter kamen von den Feldern und lachten, daß es eine Schande war.

Ich saß auf unserer kleinen Schaukel, ich ruhte mich gerade aus zwischen den Bäumen im Garten meiner Eltern.

Vor dem Gitter hörte es nicht auf. Kinder im Laufschritt waren im Augenblick vorüber; Getreidewagen mit Männern und Frauen auf den Garben und rings herum verdunkelten die Blumenbeete; gegen Abend sah ich einen Herrn mit einem Stock langsam spazieren gehn und paar Mädchen, die Arm in Arm ihm entgegenkamen, traten grüßend ins seitliche Gras.

Dann flogen Vögel wie sprühend auf, ich folgte ihnen mit den Blicken, sah, wie sie in einem Atemzug stiegen, bis ich nicht mehr glaubte, daß sie stiegen, sondern daß ich falle, und fest mich an den Seilen haltend aus Schwäche ein wenig zu schaukeln anfing. Bald schaukelte ich stärker, als die Luft schon kühler wehte und statt der fliegenden Vögel zitternde Sterne erschienen.

Bei Kerzenlicht bekam ich mein Nachtmahl. Oft hatte ich beide Arme auf der Holzplatte und, schon müde, biß ich in mein Butterbrot. Die stark durchbrochenen Vorhänge bauschten sich im warmen Wind, und manchmal hielt sie einer, der draußen vorüberging, mit seinen Händen fest, wenn er mich besser sehen und mit mir reden wollte. Meistens verlöschte die Kerze bald und in dem dunklen Kerzenrauch trieben sich noch eine Zeitlang die versammelten Mücken herum. Fragte mich einer vom Fenster aus, so sah ich ihn an, als schaue ich ins Gebirge oder in die bloße Luft, und auch ihm war an einer Antwort nicht viel gelegen.

Sprang dann einer über die Fensterbrüstung und meldete, die anderen seien schon vor dem Haus, so stand ich freilich seufzend auf.

»Nein, warum seufzst Du so? Was ist denn geschehn? Ist es ein besonderes, nie gut zu machendes Unglück? Werden wir uns nie davon erholen können? Ist wirklich alles verloren?«

Nichts war verloren. Wir liefen vor das Haus. »Gott sei Dank, da seid Ihr endlich!« – »Du kommst halt immer zu spät!« – »Wieso denn ich?« – »Gerade Du, bleib zu Hause, wenn Du nicht mitwillst.« – »Keine Gnaden!« – »Was? Keine Gnaden? Wie redest Du?«

Wir durchstießen den Abend mit dem Kopf. Es gab keine Tages- und keine Nachtzeit. Bald rieben sich unsere Westenknöpfe aneinander wie Zähne, bald liefen wir in gleichbleibender Entfernung, Feuer im Mund, wie Tiere in den Tropen. Wie Kürassiere in alten Kriegen, stampfend und hoch in der Luft, trieben wir einander die kurze Gasse hinunter und mit diesem Anlauf in den Beinen die Landstraße weiter hinauf. Einzelne traten in den Straßengraben, kaum verschwanden sie vor der dunklen Böschung, standen sie schon wie fremde Leute oben auf dem Feldweg und schauten herab.

»Kommt doch herunter!« – »Kommt zuerst herauf!« – »Damit Ihr uns herunterwerfet, fällt uns nicht ein, so gescheit sind wir noch.« – »So feig seid Ihr, wollt Ihr sagen. Kommt nur, kommt!« – »Wirklich? Ihr? Gerade Ihr werdet uns hinunterwerfen? Wie müßtet Ihr aussehen?«

Wir machten den Angriff, wurden vor die

Brust gestoßen und legten uns in das Gras des Straßengrabens, fallend und freiwillig. Alles war gleichmäßig erwärmt, wir spürten nicht Wärme, nicht Kälte im Gras, nur müde wurde man.

Wenn man sich auf die rechte Seite drehte, die Hand unters Ohr gab, da wollte man gerne einschlafen. Zwar wollte man sich noch einmal aufraffen mit erhobenem Kinn, dafür aber in einen tieferen Graben fallen. Dann wollte man, den Arm quer vorgehalten, die Beine schiefgeweht, sich gegen die Luft werfen und wieder bestimmt in einen noch tieferen Graben fallen. Und damit wollte man gar nicht aufhören.

Wie man sich im letzten Graben richtig zum Schlafen aufs äußerste strecken würde, besonders in den Knien, daran dachte man noch kaum und lag, zum Weinen aufgelegt, wie krank auf dem Rücken. Man zwinkerte, wenn einmal ein Junge, die Ellbogen bei den Hüften, mit dunklen Sohlen über uns von der Böschung auf die Straße sprang.

Den Mond sah man schon in einiger Höhe, ein Postwagen fuhr in seinem Licht vorbei. Ein schwacher Wind erhob sich allgemein, auch im Graben fühlte man ihn, und in der Nähe fing der Wald zu rauschen an. Da lag einem nicht mehr soviel daran, allein zu sein.

»Wo seid Ihr?« – »Kommt her!« – »Alle zusammen!« – »Was versteckst Du Dich, laß den Unsinn!« – »Wißt Ihr nicht, daß die Post schon vorüber ist?« – »Aber nein! Schon vorüber?« – »Natürlich, während Du geschlafen hast, ist sie vorübergefahren.« – »Ich habe geschlafen? Nein so etwas!« – »Schweig nur, man sieht es Dir doch an.« – »Aber ich bitte Dich.« – »Kommt!«

Wir liefen enger beisammen, manche reichten einander die Hände, den Kopf konnte man nicht genug hoch haben, weil es abwärts ging. Einer schrie einen indianischen Kriegsruf heraus, wir bekamen in die Beine einen Galopp wie niemals, bei den Sprüngen hob uns in den Hüften der Wind. Nichts hätte uns aufhalten können; wir waren so im Laufe, daß wir selbst beim Überholen die Arme verschränken und ruhig uns umsehen konnten.

Auf der Wildbachbrücke blieben wir stehn; die weiter gelaufen waren, kehrten zurück. Das Wasser unten schlug an Steine und Wurzeln, als wäre es nicht schon spät abend. Es gab keinen Grund dafür, warum nicht einer auf das Geländer der Brücke sprang.

Hinter Gebüschen in der Ferne fuhr ein Eisenbahnzug heraus, alle Coupées waren beleuchtet, die Glasfenster sicher herabgelassen. Einer von uns begann einen Gassenhauer zu singen, aber wir alle wollten singen. Wir sangen viel rascher als der Zug fuhr, wir schaukelten die Arme, weil die Stimme nicht genügte, wir kamen mit unseren Stimmen in ein Gedränge, in dem uns wohl war. Wenn man seine Stimme unter andere mischt, ist man wie mit einem Angelhaken gefangen.

So sangen wir, den Wald im Rücken, den fernen Reisenden in die Ohren. Die Erwachsenen wachten noch im Dorfe, die Mütter richteten die Betten für die Nacht.

Es war schon Zeit. Ich küßte den, der bei mir stand, reichte den drei Nächsten nur so die Hände, begann den Weg zurückzulaufen, keiner rief mich. Bei der ersten Kreuzung, wo sie mich nicht mehr sehen konnten, bog ich ein und lief auf Feldwegen wieder in den Wald. Ich strebte zu der Stadt im Süden hin, von der es in unserem Dorfe hieß:

»Dort sind Leute! Denkt Euch, die schlafen nicht!«

»Und warum denn nicht?«

»Weil sie nicht müde werden.«

»Und warum denn nicht?«
»Weil sie Narren sind.«
»Werden denn Narren nicht müde?«
»Wie könnten Narren müde werden!«

Zerstreutes Hinausschaun

Was werden wir in diesen Frühlingstagen tun, die jetzt rasch kommen? Heute früh war der Himmel grau, geht man aber jetzt zum Fenster, so ist man überrascht und lehnt die Wange an die Klinke des Fensters.

Unten sieht man das Licht der freilich schon sinkenden Sonne auf dem Gesicht des kindlichen Mädchens, das so geht und sich umschaut, und zugleich sieht man den Schatten des Mannes darauf, der hinter ihm rascher kommt.

Dann ist der Mann schon vorübergegangen und das Gesicht des Kindes ist ganz hell.

Der Nachhauseweg

Man sehe die Überzeugungskraft der Luft nach dem Gewitter! Meine Verdienste erscheinen mir und überwältigen mich, wenn ich mich auch nicht sträube.

Ich marschiere und mein Tempo ist das Tempo dieser Gassenseite, dieser Gasse, dieses Viertels. Ich bin mit Recht verantwortlich für alle Schläge gegen Türen, auf die Platten der Tische, für alle Trinksprüche, für die Liebespaare in ihren Betten, in den Gerüsten der Neubauten, in dunklen Gassen an die Häusermauern gepreßt, auf den Ottomanen der Bordelle.

Ich schätze meine Vergangenheit gegen meine Zukunft, finde aber beide vortrefflich, kann keiner von beiden den Vorzug geben und nur die Ungerechtigkeit der Vorsehung, die mich so begünstigt, muß ich tadeln.

Nur als ich in mein Zimmer trete, bin ich ein wenig nachdenklich, aber ohne daß ich während des Treppensteigens etwas Nachdenkenswertes gefunden hätte. Es hilft mir nicht viel, daß ich das Fenster gänzlich öffne und daß in einem Garten die Musik noch spielt.

Das Gassenfenster

Wer verlassen lebt und sich doch hie und da irgendwo anschließen möchte, wer mit Rücksicht auf die Veränderungen der Tageszeit, der Witterung, der Berufsverhältnisse und dergleichen ohne weiteres irgend einen beliebigen Arm sehen will, an dem er sich halten könnte, – der wird es ohne ein Gassenfenster nicht lange treiben. Und steht es mit ihm so, daß er gar nichts sucht und nur als müder Mann, die Augen auf und ab zwischen Publikum und Himmel, an seine Fensterbrüstung tritt, und er will nicht und hat ein wenig den Kopf zurückgeneigt, so reißen ihn doch unten die Pferde mit in ihr Gefolge von Wagen und Lärm und damit endlich der menschlichen Eintracht zu.

II

Das Unglück des Junggesellen

Es scheint so arg, Junggeselle zu bleiben, als alter Mann unter schwerer Wahrung der Würde um Aufnahme zu bitten, wenn man einen Abend mit Menschen verbringen will, krank zu sein und aus dem Winkel seines Bettes wochenlang das leere Zimmer anzusehn, immer vor dem Haustor Abschied zu nehmen, niemals neben seiner Frau sich die Treppe hinaufzudrängen, in seinem Zimmer nur Seitentüren zu haben, die in fremde Wohnungen führen, sein Nachtmahl in einer Hand nach Hause zu tragen, fremde Kinder anstaunen zu müssen und nicht immerfort wiederholen zu dürfen: »Ich habe keine«, sich im Aussehn und Benehmen nach ein oder zwei Junggesellen der Jugenderinnerungen auszubilden.

So wird es sein, nur daß man auch in Wirklichkeit heute und später selbst dastehen wird, mit einem Körper und einem wirklichen Kopf, also auch einer Stirn, um mit der Hand an sie zu schlagen.

Der plötzliche Spaziergang

Wenn man sich am Abend endgültig entschlossen zu haben scheint, zu Hause zu bleiben, den Hausrock angezogen hat, nach dem Nachtmahl beim beleuchteten Tische sitzt und jene Arbeit oder jenes Spiel vorgenommen hat, nach dessen Beendigung man gewohnheitsgemäß schlafen geht, wenn draußen ein unfreundliches Wetter ist, welches das Zuhausebleiben selbstverständlich macht, wenn man jetzt auch schon so lange bei Tisch stillgehalten hat, daß das Weggehen allgemeines Erstaunen hervorrufen müßte, wenn nun auch schon das Treppenhaus dunkel und das Haustor gesperrt ist, und wenn man nun trotz alledem in einem plötzlichen Unbehagen aufsteht, den Rock wechselt, sofort straßenmäßig angezogen erscheint, weggehen zu müssen erklärt, es nach kurzem Abschied auch tut, je nach der Schnelligkeit, mit der man die Wohnungstür zuschlägt, mehr oder weniger Ärger zu hinterlassen glaubt, wenn man sich auf der Gasse wiederfindet, mit Gliedern, die diese schon unerwartete Freiheit, die man ihnen verschafft hat, mit besonderer Beweglichkeit beantworten, wenn man durch diesen einen Entschluß alle Entschlußfähigkeit in sich gesammelt fühlt, wenn man mit größerer als der gewöhnlichen Bedeutung erkennt, daß man ja mehr Kraft als Bedürfnis hat, die schnellste Veränderung leicht zu bewirken und zu ertragen, und wenn man so die langen Gassen hinläuft, – dann ist man für diesen Abend gänzlich aus seiner Familie ausgetreten, die ins Wesenlose abschwenkt, während man selbst, ganz fest, schwarz vor Umrissenheit, hinten die Schenkel schlagend, sich zu seiner wahren Gestalt erhebt.

Verstärkt wird alles noch, wenn man zu dieser späten Abendzeit einen Freund aufsucht, um nachzusehen, wie es ihm geht.

Der Kaufmann

Es ist möglich, daß einige Leute Mitleid mit mir haben, aber ich spüre nichts davon. Mein kleines Geschäft erfüllt mich mit Sorgen, die mich innen an Stirne und Schläfen schmerzen, aber ohne mir Zufriedenheit in Aussicht zu stellen, denn mein Geschäft ist klein.

Für Stunden im voraus muß ich Bestimmungen treffen, das Gedächtnis des Hausdieners wachhalten, vor befürchteten Fehlern warnen und in einer Jahreszeit die Moden der folgenden berechnen, nicht wie sie unter Leuten meines Kreises herrschen werden, sondern bei unzugänglichen Bevölkerungen auf dem Lande.

Mein Geld haben fremde Leute; ihre Verhältnisse können mir nicht deutlich sein; das Unglück, das sie treffen könnte, ahne ich nicht; wie könnte ich es abwehren! Vielleicht sind sie verschwenderisch geworden und geben ein Fest in einem Wirtshausgarten und andere halten sich für ein Weilchen auf der Flucht nach Amerika bei diesem Feste auf.

Wenn nun am Abend eines Werketages das

Geschäft gesperrt wird und ich plötzlich Stunden vor mir sehe, in denen ich für die ununterbrochenen Bedürfnisse meines Geschäftes nichts werde arbeiten können, dann wirft sich meine am Morgen weit vorausgeschickte Aufregung in mich, wie eine zurückkehrende Flut, hält es aber in mir nicht aus und ohne Ziel reißt sie mich mit.

Und doch kann ich diese Laune gar nicht benützen und kann nur nach Hause gehn, denn ich habe Gesicht und Hände schmutzig und verschwitzt, das Kleid fleckig und staubig, die Geschäftsmütze auf dem Kopfe und von Kistennägeln zerkratzte Stiefel. Ich gehe dann wie auf Wellen, klappere mit den Fingern beider Hände und mir entgegenkommenden Kindern fahre ich über das Haar.

Aber der Weg ist zu kurz. Gleich bin ich in meinem Hause, öffne die Lifttür und trete ein.

Ich sehe, daß ich jetzt und plötzlich allein bin. Andere, die über Treppen steigen müssen, ermüden dabei ein wenig, müssen mit eilig atmenden Lungen warten, bis man die Tür der Wohnung öffnen kommt, haben dabei einen Grund für Ärger und Ungeduld, kommen jetzt ins Vorzimmer, wo sie den Hut aufhängen, und erst bis sie durch den Gang an einigen Glastüren vorbei in ihr eigenes Zimmer kommen, sind sie allein.

Ich aber bin gleich allein im Lift, und schaue, auf die Knie gestützt, in den schmalen Spiegel. Als der Lift sich zu heben anfängt, sage ich:

»Seid still, tretet zurück, wollt Ihr in den Schatten der Bäume, hinter die Draperien der Fenster, in das Laubengewölbe?«

Ich rede mit den Zähnen und die Treppengeländer gleiten an den Milchglasscheiben hinunter wie stürzendes Wasser.

»Flieget weg; Euere Flügel, die ich niemals gesehen habe, mögen Euch ins dörfliche Tal tragen oder nach Paris, wenn es Euch dorthin treibt.

Doch genießet die Aussicht des Fensters, wenn die Prozessionen aus allen drei Straßen kommen, einander nicht ausweichen, durcheinander gehn und zwischen ihren letzten Reihen den freien Platz wieder entstehen lassen. Winket mit den Tüchern, seid entsetzt, seid gerührt, lobet die schöne Dame, die vorüberfährt.

Geht über den Bach auf der hölzernen Brücke, nickt den badenden Kindern zu und staunet über das Hurra der tausend Matrosen auf dem fernen Panzerschiff.

Verfolget nur den unscheinbaren Mann und

wenn Ihr ihn in einen Torweg gestoßen habt, beraubt ihn und seht ihm dann, jeder die Hände in den Taschen, nach, wie er traurig seines Weges in die linke Gasse geht.

Die verstreut auf ihren Pferden galoppierende Polizei bändigt die Tiere und drängt Euch zurück. Lasset sie, die leeren Gassen werden sie unglücklich machen, ich weiß es. Schon reiten sie, ich bitte, paarweise weg, langsam um die Straßenecken, fliegend über die Plätze.«

Dann muß ich aussteigen, den Aufzug hinunterlassen, an der Türglocke läuten, und das Mädchen öffnet die Tür, während ich grüße.

[Der Steuermann]

»Bin ich nicht Steuermann?« rief ich. »Du?« fragte ein dunkler hochgewachsener Mann und strich sich mit der Hand über die Augen als verscheuche er einen Traum. Ich war am Steuer gestanden in der dunklen Nacht, die schwachbrennende Laterne über meinem Kopf und nun war dieser Mann gekommen und wollte mich beiseiteschieben. Und da ich nicht wich, setzte er mir den Fuß auf die Brust und trat mich langsam nieder, während ich noch immer an den Naben des Steuerrades hing und beim Niederfallen es ganz herumriß. Da aber faßte es der Mann, brachte es in Ordnung, mich aber stieß er weg. Doch ich besann mich bald, lief zu der Luke, die in den Mannschaftsraum führte und rief: »Mannschaft! Kameraden! Kommt schnell! Ein Fremder hat mich vom Steuer vertrieben!« Langsam kamen sie, stiegen auf aus der Schiffstreppe, schwankende müde mächtige Gestalten. »Bin ich der Steuermann?« fragte ich. Sie nickten, aber Blicke hatten sie nur für den Fremden, im Halbkreis standen sie um ihn herum und als er befehlend sagte: »Stört mich nicht«, sammelten sie sich, nickten mir zu und zogen wieder die Schiffstreppe hinab. Was ist das für Volk! Denken sie auch oder schlurfen sie nur sinnlos über die Erde?

[Der alte Bettler]

Seit Jahren sitze ich an der großen Straßenkreuzung, aber morgen, weil der neue Kaiser einzieht, soll ich meinen Platz verlassen. Ich mische mich sowohl grundsätzlich als auch aus Abneigung in nichts ein, was um mich vor geht. Längst schon habe ich auch aufgehört zu betteln; die welche schon seit langem vorübergehn beschenken mich aus Gewohnheit, aus Treue, aus Bekanntschaft, die neuen aber folgen dem Beispiel. Ich habe ein Körbchen neben mir stehn und in das wirft jeder soviel als er für gut hält. Eben deshalb aber weil ich mich um niemanden kümmere und in dem Lärm und Unsinn der Straße den ruhigen Blick und die ruhige Seele bewahre, verstehe ich alles, was mich, meine Stellung, meine berechtigten Ansprüche betrifft, besser als irgendwer. Über diese Fragen kann es keinen Streit geben, hier kann nur meine Meinung gelten. Als daher heute morgens ein Polizist, der mich natürlich sehr gut kennt, den ich aber ebenso natürlich noch niemals bemerkt habe, bei mir stehn blieb und sagte: Morgen ist der Einzug des Kaisers; daß Du es nicht wagst morgen herzukommen, antwortete ich mit der Frage: Wie alt bist Du?

[Der kaiserliche Oberst]

Man schämt sich zu sagen, womit der kaiserliche Oberst unser Bergstädtchen beherrscht. Seine wenigen Soldaten wären wenn wir wollten gleich entwaffnet, Hilfe für ihn käme, selbst wenn er sie rufen könnte – aber wie könnte er das? – tage-, ja wochenlang nicht. Warum dulden wir also seine verhaßte Regierung? Es ist zweifellos: nur seines Blickes wegen. Wenn man in sein Arbeitszimmer kommt, vor einem Jahrhundert war es der Beratungssaal unserer Ältesten, sitzt er in Uniform an dem Schreibtisch, die Feder in der Hand. Förmlichkeiten oder gar Komödiespielen liebt er nicht, er schreibt also nicht etwa weiter und läßt den Besucher warten, sondern unterbricht die Arbeit sofort und lehnt sich zurück, die Feder allerdings behält er in der Hand. Nun sieht er zurückgelehnt, die Linke in der Hosentasche den Besucher an. Der Bittsteller hat den Eindruck, daß der Oberst mehr sieht als nur ihn, den für ein Weilchen aus der Menge aufgetauchten Unbekannten, denn warum würde ihn denn der Oberst so genau und lange und stumm ansehn. Es ist auch kein scharfer prüfender sich einbohrender Blick, wie man ihn vielleicht auf einen Einzelnen richten kann, sondern es ist ein nachlässiger, schweifender, allerdings aber unablässiger Blick, ein Blick, mit dem man etwa die Bewegungen einer Menschenmenge in der Ferne beobachten würde. Und dieser lange Blick ist ununterbrochen begleitet von einem unbestimmten Lächeln, das bald Ironie bald träumendes Erinnern zu sein scheint.

III

[Der Nachbar]

Mein Geschäft ruht ganz auf meinen Schultern. Zwei Fräulein mit Schreibmaschinen und Geschäftsbüchern im Vorzimmer, mein Zimmer mit Schreibtisch, Kassa, Beratungstisch, Klubsessel und Telephon, das ist mein ganzer Arbeitsapparat. So einfach zu überblicken, so leicht zu führen. Ich bin jung und die Geschäfte rollen vor mir her, ich klage nicht. Ich klage nicht. Seit Neujahr hat ein junger Mann die kleine leerstehende Nebenwohnung, die ich ungeschickter Weise so lange zu mieten gezögert habe, frischweg gemietet. Auch ein Zimmer mit Vorzimmer, außerdem aber noch eine Küche. Zimmer und Vorzimmer hätte ich wohl brauchen können, meine zwei Fräulein fühlen sich schon manchmal überlastet, – aber wozu hätte mir die Küche gedient. Dieses kleinliche Bedenken war daran schuld, daß ich mir die Wohnung habe wegnehmen lassen. Nun sitzt dort dieser junge Mann. Harras heißt er. Was er dort eigentlich macht weiß ich nicht. Auf der Tür steht nur »Harras, Bureau«. Ich habe Erkundigungen eingezogen, man hat mir mitgeteilt es sei ein Geschäft ähnlich dem meinigen, vor Kreditgewährung könne man nicht geradezu warnen, denn es handle sich doch um einen jungen aufstrebenden Mann, dessen Sache vielleicht Zukunft habe, doch könne man zum Kredit auch nicht geradezu raten, denn gegenwärtig sei allem Anschein nach kein Vermögen vorhanden. Die übliche Auskunft, die man gibt, wenn man nichts weiß. Manchmal treffe ich Harras auf der Treppe, er muß es immer außerordentlich eilig haben, er huscht förmlich an mir vorüber, genau gesehn habe ich ihn noch gar nicht, den Bureauschlüssel hält er schon vorbereitet in der Hand, im Augenblick hat er die Tür geöffnet, wie der Schwanz einer Ratte ist er hineingeglitten, und ich stehe nur wieder vor der Tafel »Harras, Bureau«, die ich schon viel öfter gelesen habe, als sie es verdient. Die elend dünnen Wände, die den ehrlich tätigen Mann verraten, den Unehrlichen aber decken. Mein Telephon ist an der Zimmerwand angebracht die mich von meinem Nachbar trennt, doch hebe ich das bloß als besonders ironische Tatsache hervor, selbst wenn es an der entgegengesetzten Wand hieng, würde man in der Nebenwohnung alles hören. Ich habe mir abgewöhnt, den Namen der Kunden beim Telephon zu nennen, aber es gehört natürlich nicht viel Schlauheit dazu, aus charakteristischen aber unvermeidlichen Wendungen des Gesprächs die Namen zu erraten. Manchmal umtanze ich, die Hörmuschel am Ohr, von Unruhe gestachelt, auf den Fußspitzen den Apparat, und kann es doch nicht verhüten daß Geheimnisse preisgegeben werden. Natürlich werden dadurch beim Telephonieren auch meine geschäftlichen Entscheidungen unsicherer, meine Stimme zittrig. Was macht Harras, während ich telephoniere? Wollte ich sehr übertreiben, aber das muß man oft, um sich Klarheit zu verschaffen, so könnte ich sagen: Harras braucht kein Telephon, er benutzt meines, er hat sein Kanapee an die Wand gerückt und horcht, ich dagegen muß, wenn geläutet wird zum Telephon laufen, die Wünsche des Kunden entgegennehmen, schwerwiegende Entschlüsse fassen, großangelegte Überredungen ausführen, vor allem aber während des Ganzen unwillkürlich durch die Zimmerwand Harras Bericht erstatten. Vielleicht wartet er gar nicht das Ende des Gespräches ab, sondern erhebt sich nach der Gesprächsstelle die ihn über den Fall genügend aufgeklärt hat, huscht nach seiner Gewohnheit durch die Stadt und ehe ich die Hörmuschel aufgehängt habe, ist er vielleicht schon daran, mir entgegenzuarbeiten.

Ein Kommentar[1]

Es war sehr früh am Morgen, die Straßen rein und leer, ich ging zum Bahnhof. Als ich eine Turmuhr mit meiner Uhr verglich, sah ich daß schon viel später war als ich geglaubt hatte, ich mußte mich sehr beeilen, der Schrecken über diese Entdeckung ließ mich im Weg unsicher werden, ich kannte mich in dieser Stadt noch nicht sehr gut aus, glücklicherweise war ein Schutzmann in der Nähe, ich lief zu ihm und fragte ihn atemlos nach dem Weg. Er lächelte und sagte: »Von mir willst Du den Weg erfahren?« »Ja«, sagte ich, »da ich ihn selbst nicht finden kann.« »Gibs auf, gibs auf«, sagte er und wandte sich mit einem großen Schwunge ab, so wie Leute, die mit ihrem Lachen allein sein wollen.

[1] Von Max Brod unter dem Titel ›Gibs auf!‹ veröffentlicht.

[Der Schlag ans Hoftor]

Es war im Sommer, ein heißer Tag. Ich kam auf dem Nachhauseweg mit meiner Schwester an einem Hoftor vorüber. Ich weiß nicht, schlug sie aus Mutwillen ans Tor, oder in Zerstreutheit oder drohte nur mit der Faust und schlug gar nicht. Hundert Schritte weiter an der nach links sich wendenden Landstraße begann ein Dorf. Wir kannten es nicht, aber gleich aus dem ersten Haus kamen Leute hervor und winkten uns, freundschaftlich, aber warnend, selbst erschrocken, gebückt vor Schrecken. Sie zeigten nach dem Hof an dem wir vorübergekommen waren und erinnerten uns an den Schlag ans Tor. Die Hofbesitzer werden uns klagen, gleich werde die Untersuchung beginnen. Ich war sehr ruhig und beruhigte auch meine Schwester. Sie hatte den Schlag wahrscheinlich gar nicht getan und hätte sie ihn getan, so wird deswegen nirgends auf der Welt ein Proceß geführt. Ich suchte das auch den Leuten um uns begreiflich zu machen, sie hörten mich an, enthielten sich aber eines Urteils. Später sagten sie, nicht nur meine Schwester, auch ich als Bruder werde angeklagt werden. Ich nickte lächelnd. Alle blickten wir zum Hof zurück, so wie man eine ferne Rauchwolke beobachtet und auf die Flamme wartet. Und wirklich, bald sahen wir Reiter ins weit offene Hoftor einreiten, Staub erhob sich, verhüllte alles, nur die Spitzen der hohen Lanzen blitzten. Und kaum war die Truppe im Hof verschwunden schien sie gleich die Pferde gewendet zu haben und war auf dem Weg zu uns. Ich drängte meine Schwester fort, ich werde alles allein ins Reine bringen, sie weigerte sich mich allein zu lassen, ich sagte sie solle sich also wenigstens umkleiden um in einem bessern Kleid vor die Herren zu treten. Endlich folgte sie und machte sich auf den langen Weg nachhause. Schon waren die Reiter bei uns, noch von den Pferden herab fragten sie nach meiner Schwester, sie sei augenblicklich nicht hier, wurde ängstlich geantwortet, werde aber später kommen. Die Antwort wurde fast gleichgiltig aufgenommen, wichtig schien vor allem, daß man mich gefunden hatte. Es waren hauptsächlich zwei Herren, der Richter, ein junger lebhafter Mann und sein stiller Gehilfe, der Assmann genannt wurde. Ich wurde aufgefordert in die Bauernstube einzutreten. Langsam, den Kopf wiegend, an den Hosenträgern rückend, setzte ich mich unter den scharfen Blicken der Herren in Gang. Noch glaubte ich fast, ein Wort werde genügen, um mich, den Städter, sogar noch unter Ehren aus diesem Bauernvolk zu befreien. Aber als ich die Schwelle der Stube überschritten hatte, sagte der Richter, der vorgesprungen war und mich schon erwartete: »Dieser Mann tut mir leid.« Es war aber über allem Zweifel, daß er damit nicht meinen gegenwärtigen Zustand meinte sondern das was mit mir geschehen würde. Die Stube sah einer Gefängniszelle ähnlicher als einer Bauernstube. Große Steinfliesen, dunkelgraue kahle Wand, irgendwo eingemauert ein eiserner Ring, in der Mitte etwas, das halb Pritsche halb Operationstisch war.

Könnte ich noch andere Luft schmecken, als die des Gefängnisses? Das ist die große Frage oder vielmehr sie wäre es, wenn ich Aussicht auf Entlassung hätte.[1]

[1] Letzter Absatz in der Handschrift durch kurzen waagerechten Strich vom vorangehenden Text abgesetzt.

Auf dem Dachboden

Die Kinder hatten ein Geheimnis. Auf dem Dachboden in einem tiefen Winkel inmitten des Gerümpels eines ganzen Jahrhunderts, wohin kein Erwachsener mehr sich tasten konnte, hatte Hans, der Sohn des Advokaten, einen fremden Mann entdeckt. Er saß auf einer Kiste, die der Länge nach aufgestellt an der Wand lehnte. Sein Gesicht zeigte, als er Hans erblickte, weder Schrecken noch Staunen, sondern nur Stumpfheit, mit klaren Augen beantwortete er Hansens Blick. Eine große runde Mütze aus Krimmerpelz saß tief auf seinem Kopf. Ein starker Schnurrbart breitete sich steif aus. Gekleidet war er in einen weiten braunen Mantel, den ein mächtiges Riemenzeug, es erinnerte an das Geschirr eines Pferdes, zusammenhielt. Auf dem Schoß lag ein gebogener kurzer Säbel in mattleuchtender Scheide. Die Füße staken in gespornten Schaftstiefeln, ein Fuß war auf eine umgestürzte Weinflasche gestellt, der andere auf dem Boden war etwas aufgerichtet und mit Ferse und Spore ins Holz gerammt. »Weg«, schrie Hans, als der Mann mit langsamer Hand nach ihm greifen wollte, lief weit in die neuern Teile des Dachbodens und blieb erst stehn als ihm die dort zum Trocknen aufgehängte Wäsche naß ins Gesicht klatschte. Dann aber kehrte er doch gleich wieder zurück. Mit gewissermaßen verächtlich aufgestülpter Unterlippe saß der Fremde dort und rührte sich nicht. Hans prüfte durch vorsichtiges Heranschleichen, ob diese Bewegungslosigkeit nicht Hinterlist sei. Aber der Fremde schien wirklich nichts böses zu beabsichtigen, ganz schlaff saß er da, vor lauter Schlaffheit nickte sein Kopf kaum merklich. So wagte es Hans einen alten durchlöcherten Ofenschirm, der ihn noch von dem Fremden trennte, wegzuschieben, ganz nahe heranzutreten und schließlich sogar ihn zu berühren. »So staubig bist Du!« sagte er staunend und zog seine geschwärzte Hand zurück. »Ja, staubig«, sagte der Fremde, sonst nichts. Es war eine ungewöhnliche Aussprache, erst im Nachklang verstand Hans die Worte. »Ich bin Hans«, sagte er, »der Sohn des Advokaten und wer bist Du.« »So«, sagte der Fremde, »ich bin auch ein Hans, heiße Hans Schlag, bin badischer Jäger und stamme von Koßgarten am Neckar. Alte Geschichten.«

[Das Tier in der Synagoge]

In unserer Synagoge lebt ein Tier in der Größe etwa eines Marders. Es ist oft sehr gut zu sehn, bis auf eine Entfernung von etwa zwei Metern duldet es das Herankommen der Menschen. Seine Farbe ist ein helles Blaugrün. Sein Fell hat noch niemand berührt, es läßt sich also darüber nichts sagen, fast möchte man behaupten, daß auch die wirkliche Farbe des Felles unbekannt ist, vielleicht stammt die sichtbare Farbe nur vom Staub und Mörtel die sich im Fell verfangen haben, die Farbe ähnelt ja auch dem Verputz des Synagogeninnern, nur ist sie ein wenig heller. Es ist, von seiner Furchtsamkeit abgesehn, ein ungemein ruhiges seßhaftes Tier; würde es nicht so oft aufgescheucht werden, es würde wohl den Ort kaum wechseln, sein Lieblingsaufenthalt ist das Gitter der Frauenabteilung, mit sichtbarem Behagen krallt es sich in die Maschen des Gitters, streckt sich und blickt hinab in den Betraum, diese kühne Stellung scheint es zu freuen, aber der Tempeldiener hat den Auftrag, das Tier niemals am Gitter zu dulden, es würde sich an diesen Platz gewöhnen und das kann man wegen der Frauen, die das Tier fürchten, nicht zulassen. Warum sie es fürchten, ist unklar. Es sieht allerdings beim ersten Anblick erschreckend aus, besonders der lange Hals, das dreikantige Gesicht, die fast wagrecht vorstehenden Oberzähne, über der Oberlippe eine Reihe langer, die Zähne überragender, offenbar ganz harter heller Borstenhaare, das alles kann erschrecken, aber bald muß man erkennen, wie ungefährlich dieser ganze scheinbare Schrecken ist. Vor allem hält es sich ja von den Menschen fern, es ist scheuer als ein Waldtier, es scheint mit nichts als mit dem Gebäude verbunden und sein persönliches Unglück besteht wohl darin, daß dieses Gebäude eine Synagoge ist, also ein zeitweilig sehr belebter Ort. Könnte man sich mit dem Tier verständigen, könnte man es allerdings damit trösten, daß die Gemeinde unseres Bergstädtchens von Jahr zu Jahr kleiner wird und es ihr schon Mühe macht die Kosten für die Erhaltung der Synagoge aufzubringen. Es ist nicht ausgeschlossen, daß in einiger Zeit aus der Synagoge ein Getreidespeicher wird oder dergleichen und daß das Tier die Ruhe bekommt, die ihm jetzt schmerzlich fehlt.

Es sind allerdings nur die Frauen, die das Tier fürchten, den Männern ist es längst gleichgültig geworden, eine Generation hat es der andern gezeigt, immer wieder hat man es gesehn, schließlich hat man keinen Blick mehr daran gewendet und selbst die Kinder, die es zum erstenmal sehn, staunen nicht mehr. Es ist das Haustier der Synagoge geworden, warum sollte nicht die Synagoge ein besonderes, nirgends sonst vorkommendes Haustier haben? Wären nicht die Frauen man würde kaum mehr von der Existenz des Tieres wissen. Aber selbst die Frauen haben keine wirkliche Furcht vor dem Tier, es wäre auch zu sonderbar, ein solches Tier tagaus, tagein zu fürchten, jahre- und jahrzehntelang. Sie verteidigen sich zwar damit, daß ihnen das Tier meist viel näher ist als den Männern und das ist richtig. Hinunter zu den Männern wagt sich das Tier nicht, niemals hat man es noch auf dem Fußboden gesehn. Läßt man es nicht zum Gitter der Frauenabteilung, so hält es sich wenigstens in gleicher Höhe auf der gegenüberliegenden Wand auf. Dort ist ein ganz schmaler Mauervorsprung, kaum zwei Finger breit, er umläuft drei Seiten der Synagoge, auf diesem Vorsprung huscht das Tier manchmal hin und her, meistens aber hockt es ruhig auf einer bestimmten Stelle gegenüber den Frauen. Es ist fast unbegreiflich wie es diesen schmalen Weg so leicht benützen kann und die Art wie es dort oben, am Ende angekommen, wieder wendet, ist sehenswert, es ist doch schon ein sehr altes Tier, aber es zögert nicht den gewagtesten Luftsprung zu machen, der auch niemals mißlingt, in der Luft hat es sich umgedreht und schon läuft es wieder seinen Weg zurück. Allerdings wenn man das einigemal gesehen hat, ist man gesättigt und hat keinen Anlaß immerfort hinzustarren. Es ist ja auch weder Furcht noch Neugier, welche die Frauen in Bewegung hält, würden sie sich mehr mit dem Beten beschäftigen, könnten sie das Tier völlig vergessen, die frommen Frauen täten das auch, wenn es die andern, welche die große Mehrzahl sind zuließen, diese aber wollen immer gern auf sich aufmerksam machen und das Tier ist ihnen dafür ein willkommener Vorwand. Wenn sie es könnten und wenn sie es wagten, hätten sie gewiß das Tier noch näher zu sich gelockt, um noch mehr erschrecken zu dürfen. Aber in Wirklichkeit drängt sich ja das Tier gar nicht zu ihnen, es kümmert sich, wenn es nicht angegriffen wird, um sie ebensowenig wie um die Männer, am liebsten würde es wahrscheinlich in der Verborgenheit bleiben, in der es in den Zeiten außerhalb des Gottesdienstes lebt, offenbar in irgendeinem Mauerloch, das wir noch nicht entdeckt haben. Erst wenn man zu beten anfängt, erscheint es, erschreckt durch den Lärm, will es sehn was geschehen ist, will es wachsam bleiben, will es frei sein, fähig zur Flucht, vor Angst läuft es hervor, aus Angst macht es seine Kapriolen und wagt sich nicht zurückzuziehn, bis der Gottesdienst zu Ende ist. Die Höhe bevorzugt es natürlich deshalb, weil es dort am sichersten ist und die besten Laufmöglichkeiten hat es auf dem Gitter und dem Mauervorsprung, aber es ist keineswegs immer dort, manchmal steigt es auch tiefer zu den Männern hinab, der Vorhang der Bundeslade wird von einer glänzenden Messingstange getragen, die scheint das Tier zu locken, oft genug schleicht es hin, dort aber sitzt es immer ruhig, nicht einmal wenn es dort knapp bei der Bundeslade ist, kann man sagen daß es stört, mit seinen blanken, immer offenen, vielleicht lidlosen Augen scheint es die Gemeinde anzusehn, sieht aber gewiß niemanden an, sondern blickt nur den Gefahren entgegen, von denen es sich bedroht fühlt.

In dieser Hinsicht schien es, wenigstens bis

vor kurzem, nicht viel verständiger als unsere Frauen. Was für Gefahren hat es denn zu fürchten? Wer beabsichtigt ihm etwas zu tun? Lebt es denn nicht seit vielen Jahren völlig sich selbst überlassen? Die Männer kümmern sich nicht um seine Anwesenheit und die Mehrzahl der Frauen wäre wahrscheinlich unglücklich wenn es verschwände. Und da es das einzige Tier im Haus ist, hat es also überhaupt keinen Feind. Das hätte es nachgerade im Laufe der Jahre schon durchschauen können. Und der Gottesdienst mit seinem Lärm mag ja für das Tier sehr erschreckend sein, aber er wiederholt sich doch in bescheidenem Ausmaß jeden Tag und gesteigert an den Feststagen, immer regelmäßig und ohne Unterbrechung, auch das ängstlichste Tier hätte sich schon daran gewöhnen können, besonders wenn es sieht, daß es nicht etwa der Lärm von Verfolgern ist, sondern ein Lärm der es gar nicht betrifft. Und doch diese Angst. Ist es die Erinnerung an längst vergangene oder die Vorahnung künftiger Zeiten? Weiß dieses alte Tier vielleicht mehr, als die drei Generationen, die jeweils in der Synagoge versammelt sind?

Vor vielen Jahren, so erzählt man, soll man wirklich versucht haben das Tier zu vertreiben. Es ist ja möglich daß es wahr ist, wahrscheinlicher aber ist es daß es sich nur um erfundene Geschichten handelt. Nachweisbar allerdings ist, daß man damals vom religionsgesetzlichen Standpunkt aus die Frage untersucht hat, ob man ein solches Tier im Gotteshause dulden darf. Man holte die Gutachten verschiedener berühmter Rabbiner ein, die Ansichten waren geteilt, die Mehrheit war für die Vertreibung und Neueinweihung des Gotteshauses, aber es war leicht von der Ferne zu dekretieren, in Wirklichkeit war es ja unmöglich, das Tier zu vertreiben.

IV

Die Sorge des Hausvaters

Die einen sagen, das Wort Odradek stamme aus dem Slawischen und sie suchen auf Grund dessen die Bildung des Wortes nachzuweisen. Andere wieder meinen, es stamme aus dem Deutschen, vom Slawischen sei es nur beeinflußt. Die Unsicherheit beider Deutungen aber läßt wohl mit Recht darauf schließen, daß keine zutrifft, zumal man auch mit keiner von ihnen einen Sinn des Wortes finden kann.

Natürlich würde sich niemand mit solchen Studien beschäftigen, wenn es nicht wirklich ein Wesen gäbe, das Odradek heißt. Es sieht zunächst aus wie eine flache sternartige Zwirnspule, und tatsächlich scheint es auch mit Zwirn bezogen; allerdings dürften es nur abgerissene, alte, aneinander geknotete, aber auch ineinander verfitzte Zwirnstücke von verschiedenster Art und Farbe sein. Es ist aber nicht nur eine Spule, sondern aus der Mitte des Sternes kommt ein kleines Querstäbchen hervor und an dieses Stäbchen fügt sich dann im rechten Winkel noch eines. Mit Hilfe dieses letzteren Stäbchens auf der einen Seite, und einer der Ausstrahlungen des Sternes auf der anderen Seite, kann das Ganze wie auf zwei Beinen aufrecht stehen.

Man wäre versucht zu glauben, dieses Gebilde hätte früher irgendeine zweckmäßige Form gehabt und jetzt sei es nur zerbrochen. Dies scheint aber nicht der Fall zu sein; wenigstens findet sich kein Anzeichen dafür; nirgends sind Ansätze oder Bruchstellen zu sehen, die auf etwas Derartiges hinweisen würden; das Ganze erscheint zwar sinnlos, aber in seiner Art abgeschlossen. Näheres läßt sich übrigens nicht darüber sagen, da Odradek außerordentlich beweglich und nicht zu fangen ist.

Er hält sich abwechselnd auf dem Dachboden, im Treppenhaus, auf den Gängen, im Flur auf. Manchmal ist er monatelang nicht zu sehen; da ist er wohl in andere Häuser übersiedelt; doch kehrt er dann unweigerlich wieder in unser Haus zurück. Manchmal, wenn man aus der Tür tritt und er lehnt gerade unten am Treppengeländer, hat man Lust, ihn anzusprechen. Natürlich stellt man an ihn keine schwierigen Fragen, sondern behandelt ihn – schon seine Winzigkeit verführt dazu – wie ein Kind. »Wie heißt du denn?« fragt man ihn. »Odradek«, sagt er. »Und wo wohnst du?« »Unbestimmter Wohnsitz«, sagt er und lacht; es ist aber nur ein Lachen, wie man es ohne Lungen hervorbringen kann. Es klingt etwa so, wie das Rascheln in gefallenen Blättern. Damit ist die Unterhaltung meist zu Ende. Übrigens sind selbst diese Antworten nicht immer zu erhalten; oft ist er lange stumm, wie das Holz, das er zu sein scheint.

Vergeblich frage ich mich, was mit ihm geschehen wird. Kann er denn sterben? Alles, was stirbt, hat vorher eine Art Ziel, eine Art Tätigkeit gehabt und daran hat es sich zerrieben; das trifft bei Odradek nicht zu. Sollte er also einstmals etwa noch vor den Füßen meiner Kinder und Kindeskinder mit nachschleifendem Zwirnsfaden die Treppe hinunterkollern? Er schadet ja offenbar niemandem; aber die Vorstellung, daß er mich auch noch überleben sollte, ist mir eine fast schmerzliche.

Eine Kreuzung

Ich habe ein eigentümliches Tier, halb Kätzchen, halb Lamm. Es ist ein Erbstück aus meines Vaters Besitz, entwickelt hat es sich aber doch erst in meiner Zeit, früher war es viel mehr Lamm als Kätzchen, jetzt aber hat es von beiden wohl gleichviel. Von der Katze Kopf und Krallen, vom Lamm Größe und Gestalt, von beiden die Augen, die flackernd und mild sind, das Fellhaar, das weich ist und knapp anliegt, die Bewegungen, die sowohl Hüpfen als Schleichen sind, im Sonnenschein auf dem Fensterbrett macht es sich rund und schnurrt, auf der Wiese läuft es wie toll und ist kaum einzufangen, vor Katzen flieht es, Lämmer will es anfallen, in der Mondnacht ist die Dachtraufe sein liebster Weg, Miauen kann es nicht und vor Ratten hat es Abscheu, neben dem Hühnerstall kann es stundenlang auf der Lauer liegen, doch hat es noch niemals eine Mordgelegenheit ausgenutzt, ich nähre es mit süßer Milch, die bekommt ihm bestens, in langen Zügen saugt es sie über seine Raubtierzähne hinweg in sich ein.

Natürlich ist es ein großes Schauspiel für Kinder. Sonntagvormittag ist Besuchsstunde, ich habe das Tierchen auf dem Schooß und die Kinder der ganzen Nachbarschaft stehn um mich herum. Da werden die sonderbarsten Fragen gestellt, die kein Mensch beantworten kann. Ich gebe mir auch keine Mühe, sondern begnüge mich ohne weitere Erklärungen damit, das zu zeigen was ich habe. Manchmal bringen die Kinder Katzen mit, einmal haben sie sogar zwei Lämmer gebracht; es kam aber entgegen ihrer Erwartung zu keinen Erkennungsscenen, die Tiere sahen einander ruhig aus Tieraugen an und nahmen offenbar ihr Dasein als göttliche Tatsache gegenseitig hin.

In meinem Schooß kennt das Tier weder Angst noch Verfolgungslust. An mich angeschmiegt fühlt es sich am wohlsten. Es hält zur Familie die es aufgezogen hat. Es ist das wohl nicht irgendeine außergewöhnliche Treue, sondern der richtige Instinkt eines Tieres, das auf der Erde zwar unzählige Verschwägerte, aber vielleicht keinen einzigen nahen Blutsverwandten hat, und dem deshalb der Schutz den es bei uns gefunden hat, heilig ist. Manchmal muß ich lachen, wenn es mich umschnuppert, zwischen den Beinen sich durchwindet und gar nicht von mir zu trennen ist. Nicht genug damit, daß es Lamm und Katze ist, will es fast auch noch ein Hund sein. Ähnliches glaube ich nämlich im Ernst. Es hat beiderlei Unruhe in sich, die von der Katze und die vom Lamm, so verschiedenartig sie sind. Darum ist ihm aber seine Haut zu eng. Vielleicht wäre für das Tier das Messer des Fleischers eine Erlösung, die muß ich ihm aber als einem Erbstück versagen.

[Der Geier]

Es war ein Geier, der hackte in meine Füße. Stiefel und Strümpfe hatte er schon aufgerissen, nun hackte er schon in die Füße selbst. Immer schlug er zu, flog dann unruhig mehrmals um mich und setzte dann die Arbeit fort. Es kam ein Herr vorüber, sah ein Weilchen zu und fragte dann, warum ich den Geier dulde. »Ich bin ja wehrlos«, sagte ich, »er kam und fing zu hacken an, da wollte ich ihn natürlich wegtreiben, versuchte ihn sogar zu würgen, aber ein solches Tier hat große Kräfte, auch wollte er mir schon ins Gesicht springen, da opferte ich lieber die Füße. Nun sind sie schon fast zerrissen.« »Daß Sie sich so quälen lassen«, sagte der Herr, »ein Schuß und der Geier ist erledigt.« »Ist das so?« fragte ich, »und wollten Sie das besorgen?« »Gern«, sagte der Herr, »ich muß nur nachhause gehn und mein Gewehr holen. Können Sie noch eine halbe Stunde warten?« »Das weiß ich nicht«, sagte ich und stand eine Weile starr vor Schmerz, dann sagte ich: »Bitte, versuchen Sie es für jeden Fall.« »Gut«, sagte der Herr,

»ich werde mich beeilen.« Der Geier hatte während des Gespräches ruhig zugehört und die Blicke zwischen mir und dem Herrn wandern lassen. Jetzt sah ich, daß er alles verstanden hatte, er flog auf, weit beugte er sich zurück um genug Schwung zu bekommen und stieß dann wie ein Speerwerfer den Schnabel durch meinen Mund tief in mich. Zurückfallend fühlte ich befreit wie er in meinem alle Tiefen füllenden, alle Ufer überfließenden Blut unrettbar ertrank.

[Der grüne Drache]

Es öffnete sich die Tür und es kam, gut im Saft, an den Seiten üppig gerundet, fußlos mit der ganzen Unterseite sich vorschiebend der grüne Drache ins Zimmer herein. Formelle Begrüßung. Ich bat ihn völlig einzutreten. Er bedauerte dies nicht tun zu können, da er zu lang sei. Die Tür mußte also offen bleiben, was recht peinlich war. Er lächelte halb verlegen, halb tückisch und begann:

Durch Deine Sehnsucht herangezogen, schiebe ich mich von weither heran, bin unten schon ganz wundgescheuert. Aber ich tue es gerne. Gerne komme ich, gerne biete ich mich Dir an.

[Der storchartige Vogel]

Als ich abend nachhause kam, fand ich in der Mitte des Zimmers ein großes ein übergroßes Ei. Es war fast so hoch wie der Tisch und entsprechend ausgebaucht. Leise schwankte es hin und her. Ich war sehr neugierig, nahm das Ei zwischen die Beine und schnitt es vorsichtig mit dem Taschenmesser entzwei. Es war schon ausgetragen. Zerknitternd fiel die Schale auseinander und hervorsprang ein storchartiger, noch federloser, mit zu kurzen Flügeln die Luft schlagender Vogel. »Was willst Du in unserer Welt?« hatte ich Lust zu fragen, hockte mich vor den Vogel nieder und sah ihm in seine ängstlich zwinkernden Augen. Aber er verließ mich, und hüpfte die Wände entlang, halb flatternd, wie auf wehen Füßen. »Einer hilft dem andern«, dachte ich, packte auf dem Tisch mein Abendessen aus und winkte dem Vogel, der drüben gerade seinen Schnabel zwischen meine paar Bücher bohrte. Gleich kam er zu mir, setzte sich, offenbar schon ein wenig eingewöhnt, auf einen Stuhl, mit pfeifendem Atem begann er die

Wurstschnitte die ich vor ihn gelegt hatte zu beschnuppern, spießte sie aber lediglich auf und warf sie mir wieder hin. »Ein Fehler«, dachte ich, »natürlich, man springt nicht aus dem Ei um gleich mit Wurstessen anzufangen. Hier wäre Frauenerfahrung nötig.« Und ich sah ihn scharf an, ob ihm vielleicht seine Essenswünsche von außen abzulesen wären. »Kommt er«, fiel mir dann ein, »aus der Familie der Störche, dann werden ihm gewiß Fische lieb sein. Nun ich bin bereit sogar Fische ihm zu verschaffen. Allerdings nicht umsonst. Meine Mittel erlauben mir nicht mir einen Hausvogel zu halten. Bringe ich also solche Opfer, will ich einen gleichwertigen lebenerhaltenden Gegendienst. Er ist ein Storch, möge er mich also bis er ausgewachsen und von meinen Fischen gemästet ist, mit in die südlichen Länder nehmen. Längst schon verlangt es mich dorthin zu reisen und nur mangels Storchflügel habe ich es bisher unterlassen.« Sofort holte ich Papier und Tinte, tauchte des Vogels Schnabel ein und schrieb, ohne daß mir vom Vogel irgendein Widerstand entgegengesetzt worden wäre, folgendes: »Ich, storchartiger Vogel, verpflichte mich für den Fall, daß Du mich mit Fischen, Fröschen und Würmern (diese zwei letztern Lebensmittel fügte ich der Billigkeit halber hinzu) bis zum Flüggewerden nährst, Dich auf meinem Rücken in die südlichen Länder zu tragen.« Dann wischte ich den Schnabel rein und hielt dem Vogel nochmals das Papier vor Augen, ehe ich es zusammenfaltete und in meine Brieftasche legte. Dann aber lief ich gleich um Fische; diesmal mußte ich sie teuer bezahlen, doch versprach mir der Händler nächstens immer verdorbene Fische und reichlich Würmer für billigen Preis bereitzustellen. Vielleicht würde die südliche Fahrt nicht gar zu teuer werden. Und es freute mich zu sehn wie das Mitgebrachte dem Vogel schmeckte. Glucksend wurden die Fische hinabgeschluckt und füllten das rötliche Bäuchlein. Tag für Tag, unvergleichlich mit Menschenkindern, machte der Vogel Fortschritte in seiner Entwicklung. Zwar verließ der unerträgliche Gestank der faulen Fische nicht mehr mein Zimmer und nicht leicht war es, den Unrat des Vogels immer aufzufinden und zu beseitigen, auch verbot die Winterkälte und die Kohlenteuerung die außerordentlich nötige Lüftung – was tat es, kam das Frühjahr, schwamm ich in leichten Lüften dem strahlenden Süden zu. Die Flügel wuchsen, bedeckten sich mit Federn, die Muskeln erstarkten, es war

Zeit mit den Flugübungen zu beginnen. Leider war keine Storchmutter da, wäre der Vogel nicht so willig gewesen, mein Unterricht hätte wohl nicht genügt. Aber offenbar sah er ein, daß er durch peinliche Aufmerksamkeit und größte Anstrengung die Mängel meiner Lehrbefähigung ausgleichen müsse. Wir begannen mit dem Sesselflug. Ich stieg hinauf, er folgte, ich sprang mit ausgebreiteten Armen hinab, er flatterte hinterher. Später giengen wir zum Tisch über und zuletzt zum Schrank, immer aber wurden alle Flüge systematisch vielemal wiederholt.

[Der Schlangenbeschwörer]

Süße Schlange, warum bleibst Du so fern, komm näher, noch näher, genug, nicht weiter, dort bleib. Ach für Dich gibt es keine Grenzen. Wie soll ich zur Herrschaft über Dich kommen, wenn Du keine Grenzen anerkennst. Es wird schwere Arbeit sein. Ich beginne damit daß ich Dich bitte Dich zusammenzuringeln. Zusammenringeln sagte ich und Du streckst Dich. Verstehst Du mich denn nicht? Du verstehst mich nicht. Ich rede doch sehr verständlich: Zusammenringeln! Nein Du faßt es nicht. Ich zeige es Dir also hier mit dem Stab. Zuerst mußt Du einen großen Kreis beschreiben, dann im Innern eng an ihn anschließend einen zweiten und so fort. Hältst Du dann schließlich noch das Köpfchen hoch, so senk es langsam nach der Melodie der Flöte die ich später blasen werde und verstumme ich, so sei auch Du still geworden mit dem Kopf im innersten Kreis.

V

Die Bäume

Denn wir sind wie Baumstämme im Schnee. Scheinbar liegen sie glatt auf, und mit kleinem Anstoß sollte man sie wegschieben können. Nein, das kann man nicht, denn sie sind fest mit dem Boden verbunden. Aber sieh, sogar das ist nur scheinbar.

Auf der Galerie

Wenn irgendeine hinfällige, lungensüchtige Kunstreiterin in der Manege auf schwankendem Pferd vor einem unermüdlichen Publikum vom peitschenschwingenden erbarmungslosen Chef monatelang ohne Unterbrechung im Kreise rundum getrieben würde, auf dem Pferde schwirrend, Küsse werfend, in der Taille sich wiegend, und wenn dieses Spiel unter dem nichtaussetzenden Brausen des Orchesters und der Ventilatoren in die immerfort weiter sich öffnende graue Zukunft sich fortsetzte, begleitet vom vergehenden und neu anschwellenden Beifallsklatschen der Hände, die eigentlich Dampfhämmer sind – vielleicht eilte dann ein junger Galeriebesucher die lange Treppe durch alle Ränge hinab, stürzte in die Manege, riefe das: Halt! durch die Fanfaren des immer sich anpassenden Orchesters.

Da es aber nicht so ist; eine schöne Dame, weiß und rot, hereinfliegt, zwischen den Vorhängen, welche die stolzen Livrierten vor ihr öffnen; der Direktor, hingebungsvoll ihre Augen suchend, in Tierhaltung ihr entgegenatmet; vorsorglich sie auf den Apfelschimmel hebt, als wäre sie seine über alles geliebte Enkelin, die sich auf gefährliche Fahrt begibt; sich nicht entschließen kann, das Peitschenzeichen zu geben; schließlich in Selbstüberwindung es knallend gibt; neben dem Pferde mit offenem Munde einherläuft; die Sprünge der Reiterin scharfen Blickes verfolgt; ihre Kunstfertigkeit kaum begreifen kann; mit englischen Ausrufen zu warnen versucht; die reifenhaltenden Reitknechte wütend zu peinlichster Achtsamkeit ermahnt; vor dem großen Saltomortale das Orchester mit aufgehobenen Händen beschwört, es möge schweigen; schließlich die Kleine vom zitternden Pferde hebt, auf beide Backen küßt und keine Huldigung des Publikums für genügend erachtet; während sie selbst, von ihm gestützt, hoch auf den Fußspitzen, vom Staub umweht, mit ausgebreiteten Armen, zurückgelehntem Köpfchen ihr Glück mit dem ganzen Zirkus teilen will – da dies so ist, legt der Galeriebesucher das Gesicht auf die Brüstung und, im Schlußmarsch wie in einem schweren Traum versinkend, weint er, ohne es zu wissen.

Das nächste Dorf

Mein Großvater pflegte zu sagen: »Das Leben ist erstaunlich kurz. Jetzt in der Erinnerung drängt es sich mir so zusammen, daß ich zum Beispiel kaum begreife, wie ein junger Mensch sich entschließen kann ins nächste Dorf zu reiten, ohne zu fürchten, daß – von unglücklichen Zufällen ganz abgesehen – schon die Zeit des gewöhnlichen, glücklich ablaufenden Lebens für einen solchen Ritt bei weitem nicht hinreicht.«

[Zweigeteilt]

Er hat Durst und ist von der Quelle nur durch ein Gebüsch getrennt. Er ist aber zweigeteilt, ein Teil übersieht das Ganze, sieht daß er hier steht und die Quelle daneben ist, ein zweiter Teil aber merkt nichts, hat höchstens eine Ahnung dessen, daß der erste Teil alles sieht. Da er aber nichts merkt, kann er nicht trinken.

[Ketten]

Er ist ein freier und gesicherter Bürger der Erde, denn er ist an eine Kette gelegt, die lang genug ist, um ihm alle irdischen Räume frei zu geben und doch nur so lang, daß nichts ihn über die Grenzen der Erde reißen kann. Gleichzeitig aber ist er auch ein freier und gesicherter Bürger des Himmels, denn er ist auch an eine ähnlich berechnete Himmelskette gelegt. Will er nun auf die Erde, drosselt ihn das Halsband des Himmels, will er in den Himmel jenes der Erde. Und trotzdem hat er alle Möglichkeiten und fühlt es, ja er weigert sich sogar das Ganze auf einen Fehler bei der ersten Fesselung zurückzuführen.

[Robinson]

[. . .] Hätte Robinson den höchsten oder richtiger den sichtbarsten Punkt der Insel niemals verlassen, aus Trotz oder Demut oder Furcht oder Unkenntnis oder Sehnsucht, so wäre er bald zugrundegegangen, da er aber ohne Rücksicht auf die Schiffe und ihre schwachen Fernrohre seine ganze Insel zu erforschen und ihrer sich zu freuen begann, erhielt er sich am Leben und wurde – in einer allerdings dem Verstand nicht notwendigen Konsequenz – schließlich doch gefunden.

[Kuriere]

Es wurde ihnen die Wahl gestellt Könige oder der Könige Kuriere zu werden. Nach Art der Kinder wollten alle Kuriere sein. Deshalb gibt es lauter Kuriere, sie jagen durch die Welt und rufen, da es keine Könige gibt, einander selbst die sinnlos gewordenen Meldungen zu. Gerne würden sie ihrem elenden Leben ein Ende machen, aber sie wagen es nicht wegen des Diensteides.

[Der Bau des Tempels]

Alles fügte sich ihm zum Bau. Fremde Arbeiter brachten die Marmorsteine, zubehauen und zueinandergehörig. Nach den abmessenden Bewegungen seiner Finger hoben sich die Steine und verschoben sich. Kein Bau entstand jemals so leicht wie dieser Tempel oder vielmehr dieser Tempel entstand nach wahrer Tempelart. Nur daß auf jedem Stein – aus welchem Bruche stammten sie? – unbeholfenes Gekritzel sinnloser Kinderhände oder vielmehr Eintragungen barbarischer Gebirgsbewohner zum Ärger oder zur Schändung oder zu völliger Zerstörung mit offenbar großartig scharfen Instrumenten für eine den Tempel überdauernde Ewigkeit eingeritzt waren.

VI

Vor dem Gesetz

Vor dem Gesetz steht ein Türhüter. Zu diesem Türhüter kommt ein Mann vom Lande und bittet um Eintritt in das Gesetz. Aber der Türhüter sagt, daß er ihm jetzt den Eintritt nicht gewähren könne. Der Mann überlegt und fragt dann, ob er also später werde eintreten dürfen. »Es ist möglich«, sagt der Türhüter, »jetzt aber nicht.« Da das Tor zum Gesetz offensteht wie immer und der Türhüter beiseite tritt, bückt sich der Mann, um durch das Tor in das Innere zu sehn. Als der Türhüter das merkt, lacht er und sagt: »Wenn es dich so lockt, versuche es doch, trotz meines Verbotes hineinzugehn. Merke aber: Ich bin mächtig. Und ich bin nur der unterste Türhüter. Von Saal zu Saal stehn aber Türhüter, einer mächtiger als der andere. Schon den Anblick des dritten kann nicht einmal ich mehr ertragen.« Solche Schwierigkeiten hat der Mann vom Lande nicht erwartet; das Gesetz soll doch jedem und immer zugänglich sein, denkt er, aber als er jetzt den Türhüter in seinem Pelzmantel genauer ansieht, seine große Spitznase, den langen, dünnen, schwarzen tatarischen Bart, entschließt er sich, doch lieber zu warten, bis er die Erlaubnis zum Eintritt bekommt. Der Türhüter gibt ihm einen Schemel und läßt ihn seitwärts von der Tür sich niedersetzen. Dort sitzt er Tage und Jahre. Er macht viele Versuche, eingelassen zu werden, und ermüdet den Türhüter durch seine Bitten. Der Türhüter stellt öfters kleine Verhöre mit ihm an, fragt ihn über seine Heimat aus und nach vielem andern, es sind aber teilnahmslose Fragen, wie sie große Herren stellen, und zum Schlusse sagt er ihm immer wieder, daß er ihn noch nicht einlassen könne. Der Mann, der sich für seine Reise mit vielem ausgerüstet hat, verwendet alles, und sei es noch so wertvoll, um den Türhüter zu bestechen. Dieser nimmt zwar alles an, aber sagt dabei: »Ich nehme es nur an, damit du nicht glaubst, etwas versäumt zu haben.« Während der vielen Jahre beobachtet der Mann den Türhüter fast ununterbrochen. Er vergißt die andern Türhüter und dieser erste scheint ihm das einzige Hindernis für den Eintritt in das Gesetz. Er verflucht den unglücklichen Zufall, in den ersten Jahren rücksichtslos und laut, später, als er alt wird, brummt er nur noch vor sich hin. Er wird kindisch, und, da er in dem jahrelangen Studium des Türhüters auch die Flöhe in seinem Pelzkragen erkannt hat, bittet er auch die Flöhe, ihm zu helfen und den Türhüter umzustimmen. Schließlich wird sein Augenlicht schwach, und er weiß nicht, ob es um ihn wirklich dunkler wird, oder ob ihn nur seine Augen täuschen. Wohl aber erkennt er jetzt im Dunkel einen Glanz, der unverlöschlich aus der Türe des Gesetzes bricht. Nun lebt er nicht mehr lange. Vor seinem Tode sammeln sich in seinem Kopfe alle Erfahrungen der ganzen Zeit zu einer Frage, die er bisher an den Türhüter noch nicht gestellt hat. Er winkt ihm zu, da er seinen erstarrenden Körper nicht mehr aufrichten kann. Der Türhüter muß sich tief zu ihm hinunterneigen, denn der Größenunterschied hat sich sehr zu ungunsten des Mannes verändert. »Was willst du denn jetzt noch wissen?« fragt der Türhüter, »du bist unersättlich.« »Alle streben doch nach dem Gesetz«, sagt der Mann, »wieso kommt es, daß in den vielen Jahren niemand außer mir Einlaß verlangt hat?« Der Türhüter erkennt, daß der Mann schon an seinem Ende ist, und, um sein vergehendes Gehör noch zu erreichen, brüllt er ihn an: »Hier konnte niemand sonst Einlaß erhalten, denn dieser Eingang war nur für dich bestimmt. Ich gehe jetzt und schließe ihn.«

Ein altes Blatt

Es ist, als wäre viel vernachlässigt worden in der Verteidigung unseres Vaterlandes. Wir haben uns bisher nicht darum gekümmert und sind unserer Arbeit nachgegangen; die Ereignisse der letzten Zeit machen uns aber Sorgen.

Ich habe eine Schusterwerkstatt auf dem Platz vor dem kaiserlichen Palast. Kaum öffne ich in der Morgendämmerung meinen Laden, sehe ich schon die Eingänge aller hier einlaufenden Gassen von Bewaffneten besetzt. Es sind aber nicht unsere Soldaten, sondern offenbar Nomaden aus dem Norden. Auf eine mir unbegreifliche Weise sind sie bis in die Hauptstadt gedrungen, die doch sehr weit von der Grenze entfernt ist. Jedenfalls sind sie also da; es scheint, daß jeden Morgen mehr werden.

Ihrer Natur entsprechend lagern sie unter freiem Himmel, denn Wohnhäuser verabscheuen sie. Sie beschäftigen sich mit dem Schärfen der Schwerter, dem Zuspitzen der Pfeile, mit Übungen zu Pferde. Aus diesem stillen, immer ängstlich rein gehaltenen Platz haben sie einen wahren Stall gemacht. Wir versuchen zwar manchmal aus unseren Geschäften hervorzulaufen und wenigstens den ärgsten Unrat wegzuschaffen, aber es geschieht immer seltener, denn die Anstrengung ist nutzlos und bringt uns überdies in die Gefahr, unter die wilden Pferde zu kommen oder von den Peitschen verletzt zu werden.

Sprechen kann man mit den Nomaden nicht. Unsere Sprache kennen sie nicht, ja sie haben kaum eine eigene. Unter einander verständigen sie sich ähnlich wie Dohlen. Immer wieder hört man diesen Schrei der Dohlen. Unsere Lebensweise, unsere Einrichtungen sind ihnen ebenso unbegreiflich wie gleichgültig. Infolgedessen zeigen sie sich auch gegen jede Zeichensprache ablehnend. Du magst dir die Kiefer verrenken und die Hände aus den Gelenken winden, sie haben dich doch nicht verstanden und werden dich nie verstehen. Oft machen sie Grimassen; dann dreht sich das Weiß ihrer Augen und Schaum schwillt aus ihrem Munde, doch wollen sie damit weder etwas sagen noch auch erschrecken; sie tun es, weil es so ihre Art ist. Was sie brauchen, nehmen sie. Man kann nicht sagen, daß sie Gewalt anwenden. Vor ihrem

Zugriff tritt man beiseite und überläßt ihnen alles.

Auch von meinen Vorräten haben sie manches gute Stück genommen. Ich kann aber darüber nicht klagen, wenn ich zum Beispiel zusehe, wie es dem Fleischer gegenüber geht. Kaum bringt er seine Waren ein, ist ihm schon alles entrissen und wird von den Nomaden verschlungen. Auch ihre Pferde fressen Fleisch; oft liegt ein Reiter neben seinem Pferd und beide nähren sich vom gleichen Fleischstück, jeder an einem Ende. Der Fleischhauer ist ängstlich und wagt es nicht, mit den Fleischlieferungen aufzuhören. Wir verstehen das aber, schießen Geld zusammen und unterstützen ihn. Bekämen die Nomaden kein Fleisch, wer weiß, was ihnen zu tun einfiele; wer weiß allerdings, was ihnen einfallen wird, selbst wenn sie täglich Fleisch bekommen.

Letzthin dachte der Fleischer, er könne sich wenigstens die Mühe des Schlachtens sparen, und brachte am Morgen einen lebendigen Ochsen. Das darf er nicht mehr wiederholen. Ich lag wohl eine Stunde ganz hinten in meiner Werkstatt platt auf dem Boden und alle meine Kleider, Decken und Polster hatte ich über mir aufgehäuft, nur um das Gebrüll des Ochsen nicht zu hören, den von allen Seiten die Nomaden ansprangen, um mit den Zähnen Stücke aus seinem warmen Fleisch zu reißen. Schon lange war es still, ehe ich mich auszugehen getraute; wie Trinker um ein Weinfaß lagen sie müde um die Reste des Ochsen.

Gerade damals glaubte ich den Kaiser selbst in einem Fenster des Palastes gesehen zu haben; niemals sonst kommt er in diese äußeren Gemächer, immer nur lebt er in dem innersten Garten; diesmal aber stand er, so schien es mir wenigstens, an einem der Fenster und blickte mit gesenktem Kopf auf das Treiben vor seinem Schloß.

»Wie wird es werden?« fragen wir uns alle. »Wie lange werden wir diese Last und Qual ertragen? Der kaiserliche Palast hat die Nomaden angelockt, versteht es aber nicht, sie wieder zu vertreiben. Das Tor bleibt verschlossen; die Wache, früher immer festlich ein- und ausmarschierend, hält sich hinter vergitterten Fenstern. Uns Handwerkern und Geschäftsleuten ist die Rettung des Vaterlandes anvertraut; wir sind aber einer solchen Aufgabe nicht gewachsen; haben uns doch auch nie gerühmt, dessen fähig zu sein. Ein Mißverständnis ist es, und wir gehen daran zugrunde.«

Eine kaiserliche Botschaft

Der Kaiser – so heißt es – hat Dir, dem Einzelnen, dem jämmerlichen Untertanen, dem winzig vor der kaiserlichen Sonne in die fernste Ferne geflüchteten Schatten, gerade Dir hat der Kaiser von seinem Sterbebett aus eine Botschaft gesendet. Den Boten hat er beim Bett niederknieen lassen und ihm die Botschaft ins Ohr zugeflüstert; so sehr war ihm an ihr gelegen, daß er sich sie noch ins Ohr wiedersagen ließ. Durch Kopfnicken hat er die Richtigkeit des Gesagten bestätigt. Und vor der ganzen Zuschauerschaft seines Todes – alle hindernden Wände werden niedergebrochen und auf den weit und hoch sich schwingenden Freitreppen stehen im Ring die Großen des Reichs – vor allen diesen hat er den Boten abgefertigt. Der Bote hat sich gleich auf den Weg gemacht; ein kräftiger, ein unermüdlicher Mann; einmal diesen, einmal den andern Arm vorstreckend schafft er sich Bahn durch die Menge; findet er Widerstand, zeigt er auf die Brust, wo das Zeichen der Sonne ist; er kommt auch leicht vorwärts, wie kein anderer. Aber die Menge ist so groß; ihre Wohnstätten nehmen kein Ende. Öffnete sich freies Feld, wie würde er fliegen und bald wohl hörtest Du das herrliche Schlagen seiner Fäuste an Deiner Tür. Aber statt dessen, wie nutzlos müht er sich ab; immer noch zwängt er sich durch die Gemächer des innersten Palastes; niemals wird er sie überwinden; und gelänge ihm dies, nichts wäre gewonnen; die Treppen hinab müßte er sich kämpfen; und gelänge ihm dies, nichts wäre gewonnen; die Höfe wären zu durchmessen; und nach den Höfen der zweite umschließende Palast; und wieder Treppen und Höfe; und wieder ein Palast; und so weiter durch Jahrtausende; und stürzte er endlich aus dem äußersten Tor – aber niemals, niemals kann es geschehen – liegt erst die Residenzstadt vor ihm, die Mitte der Welt, hochgeschüttet voll ihres Bodensatzes. Niemand dringt hier durch und gar mit der Botschaft eines Toten. – Du aber sitzt an Deinem Fenster und erträumst sie Dir, wenn der Abend kommt.

[Die Nachricht vom Mauerbau]

[. . .] In diese Welt drang nun die Nachricht vom Mauerbau. Auch sie verspätet etwa dreißig Jahre nach ihrer Verkündigung. Es war an einem Sommerabend. Ich, zehn Jahre alt, stand mit meinem Vater am Flußufer. Gemäß der Bedeutung dieser oft besprochenen Stunde, erinnere ich mich der kleinsten Umstände. Er hielt mich an der Hand, dies tat er mit Vorliebe bis in sein hohes Alter, und mit der andern fuhr er seine lange ganz dünne Pfeife entlang als wäre es eine Flöte. Sein großer schütterer starrer Bart ragte in die Luft, denn im Genuß der Pfeife blickte er über den Fluß hinweg in die Höhe. Desto tiefer senkte sich sein Zopf, der Gegenstand der Ehrfurcht der Kinder, leise rauschend auf der golddurchwirkten Seide des Feiertagsgewandes. Da hielt eine Barke vor uns, der Schiffer winkte meinem Vater zu, er möge die Böschung herabkommen, er selbst stieg ihm entgegen. In der Mitte trafen sie einander, der Schiffer flüsterte meinem Vater etwas ins Ohr; um ihm ganz nahezukommen umarmte er ihn.

Ich verstand die Reden nicht, sah nur wie der Vater die Nachricht nicht zu glauben schien, der Schiffer die Wahrheit zu bekräftigen suchte, der Vater noch immer nicht glauben konnte, der Schiffer mit der Leidenschaftlichkeit des Schiffervolkes zum Beweise der Wahrheit fast sein Kleid auf der Brust zerriß, der Vater stiller wurde und der Schiffer polternd in die Barke sprang und wegfuhr. Nachdenklich wandte sich mein Vater zu mir, klopfte die Pfeife aus und steckte sie in den Gürtel, streichelte mir die Wange und zog meinen Kopf an sich. Das hatte ich am liebsten, es machte mich ganz fröhlich und so kamen wir nachhause. Dort dampfte schon der Reisbrei auf dem Tisch, einige Gäste waren versammelt, gerade wurde der Wein in die Becher geschüttet. Ohne darauf zu achten, begann mein Vater schon auf der Schwelle zu berichten was er gehört hätte. Von den Worten habe ich natürlich keine genaue Erinnerung, der Sinn aber gieng mir durch das Außerordentliche der Umstände, von dem selbst das Kind bezwungen wurde, so tief ein, daß ich doch eine Art Wortlaut wiederzugeben mich getraue. Ich tue es deshalb, weil er für die Volksauffassung sehr bezeichnend war.

Mein Vater sagte also etwa: Ein fremder

Schiffer – ich kenne alle, die gewöhnlich hier vorüberfahren, dieser aber war fremd – hat mir eben erzählt, daß eine große Mauer gebaut werden soll um den Kaiser zu schützen. Es versammeln sich nämlich oft vor dem Kaiserlichen Palast die ungläubigen Völker, unter ihnen auch Dämonen, und schießen Pfeile gegen den Kaiser.[1]

[1] Vom Doppelpunkt an in der Handschrift gestrichen (vgl. KKAN I, Apparatband, S. 302f.).

[Die Truppenaushebung]

Die Truppenaushebungen, die oft nötig sind, denn die Grenzkämpfe hören niemals auf, finden auf folgende Weise statt:

Es ergeht der Auftrag, daß an einem bestimmten Tag in einem bestimmten Stadtteil alle Einwohner, Männer, Frauen, Kinder ohne Unterschied, in ihren Wohnungen bleiben müssen. Meist erst gegen Mittag erscheint am Eingang des Stadtteils, wo eine Soldatenabteilung, Fußsoldaten und Berittene, schon seit der Morgendämmerung wartet, der junge Adelige, der die Aushebung vornehmen soll. Es ist ein junger Mann, schmal, nicht groß, schwach, nachlässig angezogen, mit müden Augen, Unruhe überläuft ihn immerfort wie einen Kranken das Frösteln. Ohne jemanden anzuschauen, macht er mit einer Peitsche, die seine ganze Ausrüstung bildet, ein Zeichen, einige Soldaten schließen sich ihm an und er betritt das erste Haus. Ein Soldat der alle Einwohner dieses Stadtteils persönlich kennt, verliest das Verzeichnis der Hausgenossen. Gewöhnlich sind alle da, stehn schon in einer Reihe in der Stube, hängen mit den Augen an dem Adeligen, als seien sie schon Soldaten. Es kann aber auch geschehn, daß hie und da einer, immer sind es nur Männer, fehlt. Dann wird niemand eine Ausrede oder gar eine Lüge vorzubringen wagen, man schweigt bloß, man senkt die Augen, man erträgt kaum den Druck des Befehles gegen den man sich in diesem Haus vergangen hat, aber die stumme Gegenwart des Adeligen hält doch alle auf ihren Plätzen. Der Adelige gibt ein Zeichen, es ist nicht einmal ein Kopfnicken, es ist nur von den Augen abzulesen und zwei Soldaten fangen den Fehlenden zu suchen an. Das gibt gar keine Mühe. Niemals ist er außerhalb des Hauses, niemals beabsichtigt er sich wirklich dem Truppendienst zu entziehn, nur aus Angst ist er nicht gekommen, aber es ist auch nicht Angst vor dem Dienst, die ihn abhält, es ist überhaupt Scheu davor sich zu zeigen, der Befehl ist für ihn förmlich zu groß, angsterregend groß, er kann nicht aus eigener Kraft kommen. Aber deshalb flüchtet er nicht, er versteckt sich bloß und wenn er hört daß der Adelige im Haus ist, schleicht er sich wohl auch noch aus dem Versteck, schleicht zur Tür der Stube und wird sofort von den heraustretenden

Soldaten gepackt. Er wird vor den Adeligen geführt der die Peitsche mit beiden Händen faßt – er ist so schwach, mit einer Hand würde er gar nichts ausrichten – und den Mann prügelt. Große Schmerzen verursacht das kaum, dann läßt er halb aus Erschöpfung, halb in Widerwillen die Peitsche fallen, der Geprügelte hat sie aufzuheben und ihm zu reichen. Dann erst darf er in die Reihe der übrigen treten; es ist übrigens fast sicher daß er nicht assentiert werden wird. Es geschieht aber auch, und dieses ist häufiger, daß mehr Leute da sind als in dem Verzeichnis stehn. Ein fremdes Mädchen ist z. B. da und blickt den Adeligen an, sie ist von auswärts, vielleicht aus der Provinz, die Truppenaushebung hat sie hergelockt, es gibt viele Frauen, die der Verlockung einer solchen fremden Aushebung – die häusliche hat eine ganz andere Bedeutung – nicht widerstehn können. Und es ist merkwürdig, es wird nichts Schimpfliches darin gesehn, wenn eine Frau dieser Verlockung nachgibt, im Gegenteil, es ist irgendetwas das nach der Meinung mancher die Frauen durchmachen müssen, es ist eine Schuld, die sie ihrem Geschlecht abzahlen. Es verläuft auch immer gleichartig. Das Mädchen oder die Frau hört, daß irgendwo, vielleicht sehr weit, bei Verwandten oder Freunden, Aushebung ist, sie bittet ihre Angehörigen um die Bewilligung der Reise, man willigt ein, das kann man nicht verweigern, sie zieht das Beste an, was sie hat, ist fröhlicher als sonst, dabei ruhig und freundlich, gleichgültig wie sie auch sonst sein mag, und hinter aller Ruhe und Freundlichkeit unzugänglich wie etwa eine völlig Fremde, die in ihre Heimat fährt und nun an nichts anderes mehr denkt. In der Familie, wo die Aushebung stattfinden soll, wird sie ganz anders empfangen wie ein gewöhnlicher Gast, alles umschmeichelt sie, alle Räume des Hauses muß sie durchgehn, aus allen Fenstern sich beugen und legt sie jemandem die Hand auf den Kopf, ist es mehr als der Segen des Vaters. Wenn sich die Familie zur Aushebung bereit macht, bekommt sie den besten Platz, das ist der in der Nähe der Tür und wo sie vom Adeligen am besten gesehn wird und am besten ihn sehen wird. So geehrt ist sie aber nur bis zum Eintritt des Adeligen, von da an verblüht sie förmlich. Er sieht sie ebensowenig an wie die andern und selbst wenn er die Augen auf jemanden richtet fühlt sich dieser nicht angesehn. Das hat sie nicht erwartet oder vielmehr sie hat es bestimmt erwartet, denn es kann nicht anders sein, aber es war auch nicht die Erwartung des Gegenteils die sie hergetrieben hat, es war bloß etwas, das jetzt allerdings zu ende ist. Scham fühlt sie in einem Maße, wie sie vielleicht unsere Frauen niemals sonst fühlen, erst jetzt merkt sie eigentlich daß sie zu einer fremden Aushebung sich gedrängt hat, und wenn der Soldat das Verzeichnis vorgelesen hat, ihr Name nicht vorkam und einen Augenblick Stille ist, flüchtet sie zitternd und gebückt aus der Tür und bekommt noch einen Faustschlag des Soldaten in den Rücken.

Ist es ein Mann der überzählig ist, so will er eben nichts anderes, als eben, trotzdem er nicht in dieses Haus gehört, doch mit ausgehoben werden. Auch das ist ja völlig aussichtslos, niemals ist ein solcher Überzähliger ausgehoben worden und niemals wird etwas derartiges geschehn.

[Das Stadtwappen]

Anfangs war beim babylonischen Turmbau alles in leidlicher Ordnung, ja die Ordnung war vielleicht zu groß, man dachte zu sehr an Wegweiser, Dolmetscher, Arbeiterunterkünfte und Verbindungswege, so als habe man Jahrhunderte freier Arbeitsmöglichkeit vor sich. Die damals herrschende Meinung ging sogar dahin, man könne gar nicht langsam genug bauen; man mußte diese Meinung gar nicht sehr übertreiben und konnte überhaupt davor zurückschrecken, die Fundamente zu legen. Man argumentierte nämlich so: Das Wesentliche des ganzen Unternehmens ist der Gedanke, einen bis in den Himmel reichenden Turm zu bauen. Neben diesem Gedanken ist alles andere nebensächlich. Der Gedanke, einmal in seiner Größe gefaßt, kann nicht mehr verschwinden; solange es Menschen gibt, wird auch der starke Wunsch da sein, den Turm zu Ende zu bauen. In dieser Hinsicht also muß man wegen der Zukunft keine Sorgen haben, im Gegenteil, das Wissen der Menschheit steigert sich, die Baukunst hat

Fortschritte gemacht und wird weitere Fortschritte machen, eine Arbeit, zu der wir ein Jahr brauchen, wird in hundert Jahren vielleicht in einem halben Jahr geleistet werden und überdies besser, haltbarer. Warum also schon heute sich an die Grenze der Kräfte abmühn? Das hätte nur dann Sinn, wenn man hoffen könnte, den Turm in der Zeit einer Generation aufzubauen. Das aber war auf keine Weise zu erwarten. Eher ließ sich denken, daß die nächste Generation mit ihrem vervollkommneten Wissen die Arbeit der vorigen Generation schlecht finden und das Gebaute niederreißen werde, um von neuem anzufangen. Solche Gedanken lähmten die Kräfte und mehr als um den Turmbau kümmerte man sich um den Bau der Arbeiterstadt. Jede Landsmannschaft wollte das schönste Quartier haben, dadurch ergaben sich Streitigkeiten, die sich bis zu blutigen Kämpfen steigerten. Diese Kämpfe hörten nicht mehr auf; den Führern waren sie ein neues Argument dafür, daß der Turm auch mangels der nötigen Konzentration sehr langsam oder lieber erst nach allgemeinem Friedensschluß gebaut werden sollte. Doch verbrachte man die Zeit nicht nur mit Kämpfen, in den Pausen verschönerte man die Stadt, wodurch man allerdings neuen

Neid und neue Kämpfe hervorrief. So verging die Zeit der ersten Generation, aber keine der folgenden war anders, nur die Kunstfertigkeit steigerte sich immerfort und damit die Kampfsucht.

Dazu kam, daß schon die zweite oder dritte Generation die Sinnlosigkeit des Himmelsturmbaues erkannte, doch war man schon viel zu sehr miteinander verbunden, um die Stadt zu verlassen. Alles was in dieser Stadt an Sagen und Liedern entstanden ist, ist erfüllt von der Sehnsucht nach einem prophezeiten Tag, an welchem die Stadt von einer Riesenfaust in fünf kurz aufeinander folgenden Schlägen zerschmettert werden wird. Deshalb hat auch die Stadt die Faust im Wappen.[1]

[1] Der letzte Absatz findet sich in der Handschrift an späterer Stelle.

VII

[Poseidon]

Poseidon saß an seinem Arbeitstisch und rechnete. Die Verwaltung aller Gewässer gab ihm unendliche Arbeit. Er hätte Hilfskräfte haben können wie viel er wollte und er hatte auch sehr viele, aber da er sein Amt sehr ernst nahm, rechnete er alles noch einmal durch und so halfen ihm die Hilfskräfte wenig. Man kann nicht sagen daß ihn die Arbeit freute, er führte sie eigentlich nur aus weil sie ihm auferlegt war, ja er hatte sich schon oft um fröhlichere Arbeit, wie er sich ausdrückte beworben, aber immer wenn man ihm dann verschiedene Vorschläge machte, zeigte es sich, daß ihm doch nichts so zusagte, wie sein bisheriges Amt. Es war auch sehr schwer, etwas anderes für ihn zu finden. Man konnte ihm doch unmöglich etwa ein bestimmtes Meer zuweisen, abgesehen davon daß auch hier die rechnerische Arbeit nicht kleiner sondern nur kleinlicher war, konnte der große Poseidon doch immer nur eine beherrschende Stellung bekommen. Und bot man ihm eine Stellung außerhalb des Wassers an, wurde ihm schon von der Vorstellung übel, sein göttlicher Atem geriet in Unordnung, sein eherner Brustkorb schwankte. Übrigens nahm man seine Beschwerden nicht eigentlich ernst; wenn ein Mächtiger quält, muß man ihm auch in der aussichtslosesten Angelegenheit scheinbar nachzugeben versuchen; an eine wirkliche Enthebung Poseidons von seinem Amt dachte niemand, seit Urbeginn war er zum Gott der Meere bestimmt worden und dabei mußte es bleiben.

Am meisten ärgerte er sich – und dies verursachte hauptsächlich seine Unzufriedenheit mit dem Amt – wenn er von den Vorstellungen hörte, die man sich von ihm machte, wie er etwa immerfort mit dem Dreizack durch die Fluten kutschiere. Unterdessen saß er hier in der Tiefe des Weltmeeres und rechnete ununterbrochen, hie und da eine Reise zu Jupiter war die einzige Unterbrechung der Eintönigkeit, eine Reise übrigens, von der er meistens wütend zurückkehrte. So hatte er die Meere kaum gesehn, nur flüchtig beim eiligen Aufstieg zum Olymp, und niemals wirklich durchfahren. Er pflegte zu sagen, er warte damit bis zum Weltuntergang, dann werde sich wohl noch ein stiller Augenblick ergeben, wo er knapp vor dem

Ende nach Durchsicht der letzten Rechnung noch schnell eine kleine Rundfahrt werde machen können.

[Prometheus]

Die Sage versucht das Unerklärliche zu erklären; da sie aus einem Wahrheitsgrund kommt, muß sie wieder im Unerklärlichen enden.

Von Prometheus berichten vier Sagen. Nach der ersten wurde er weil er die Götter an die Menschen verraten hatte am Kaukasus festgeschmiedet und die Götter schickten Adler, die von seiner immer nachwachsenden Leber fraßen.

Nach der zweiten drückte sich Prometheus im Schmerz vor den zuhackenden Schnäbeln immer tiefer in den Felsen bis er mit ihm eins wurde.

Nach der dritten wurde in den Jahrtausenden sein Verrat vergessen, die Götter vergaßen, die Adler, er selbst.

Nach der vierten wurde man des grundlos Gewordenen müde. Die Götter wurden müde, die Adler. Die Wunde schloß sich müde.

Blieb das unerklärliche Felsgebirge.

Beweis dessen, daß auch unzulängliche, ja kindische Mittel zur Rettung dienen können.

Um sich vor den Sirenen zu bewahren, stopfte sich Odysseus Wachs in die Ohren und ließ sich am Mast festschmieden. Ähnliches hätten natürlich seit jeher alle Reisenden tun können (außer jenen welche die Sirenen schon aus der Ferne verlockten) aber es war in der ganzen Welt bekannt, daß das unmöglich helfen konnte. Der Gesang der Sirenen durchdrang alles, gar Wachs, und die Leidenschaft der Verführten hätte mehr als Ketten und Mast gesprengt. Daran nun dachte aber Odysseus nicht obwohl er davon vielleicht gehört hatte, er vertraute vollständig der Handvoll Wachs und dem Gebinde Ketten und in unschuldiger Freude über seine Mittelchen fuhr er den Sirenen entgegen.

Nun haben aber die Sirenen eine noch schrecklichere Waffe als ihren Gesang, nämlich ihr Schweigen. Es ist zwar nicht geschehn, aber vielleicht denkbar, daß sich jemand vor ihrem

Gesange gerettet hätte, vor ihrem Verstummen gewiß nicht. Dem Gefühl aus eigener Kraft sie besiegt zu haben, der daraus folgenden alles fortreißenden Überhebung kann nichts Irdisches widerstehn.

Und tatsächlich sangen, als Odysseus kam, diese gewaltigen Sängerinnen nicht, sei es daß sie glaubten, diesem Gegner könne nur noch das Schweigen beikommen, sei es daß der Anblick der Glückseligkeit im Gesicht des Odysseus, der an nichts anderes als an Wachs und Ketten dachte, sie allen Gesang vergessen ließ.

Odysseus aber, um es so auszudrücken, hörte ihr Schweigen nicht, er glaubte, sie sängen und nur er sei behütet es zu hören, flüchtig sah er zuerst die Wendungen ihrer Hälse, das Tiefatmen, die tränenvollen Augen, den halb geöffneten Mund, glaubte aber, dies gehöre zu den Arien die ungehört um ihn erklangen. Bald aber glitt alles an seinen in die Ferne gerichteten Blicken ab, die Sirenen verschwanden ihm förmlich und gerade als er ihnen am nächsten war, wußte er nichts mehr von ihnen.

Sie aber, schöner als jemals, streckten und drehten sich, ließen das schaurige Haar offen im Wind wehn, spannten die Krallen frei auf den Felsen, sie wollten nicht mehr verführen, nur noch den Abglanz vom großen Augenpaar des Odysseus wollten sie solange als möglich erhaschen.

Hätten die Sirenen Bewußtsein, sie wären damals vernichtet worden, so aber blieben sie, nur Odysseus ist ihnen entgangen.

Es wird übrigens noch ein Anhang hiezu überliefert. Odysseus, sagt man, war so listenreich, war ein solcher Fuchs, daß selbst die Schicksalsgöttin nicht in sein Innerstes dringen konnte, vielleicht hat er, obwohl das mit Menschenverstand nicht mehr zu begreifen ist, wirklich gemerkt, daß die Sirenen schwiegen und hat ihnen und den Göttern den obigen Scheinvorgang nur gewissermaßen als Schild entgegengehalten.

[Die Entlassung der Helden]

Die Helden wurden aus dem Gefängnis entlassen, sie ordneten sich ungeschickt in einer Reihe, durch die Haft hatten sie an Beweglichkeit sehr verloren. Mein Freund der Gefangenenaufseher, nahm aus seiner Aktenmappe das Heldenverzeichnis, es war das einzige Schriftstück in seiner Mappe, wie ich ohne jede Bosheit – es war doch keine Schreiberanstellung – bemerkte, und machte sich daran, die Helden einzeln aufzurufen und die Namen im Verzeichnis dann abzustreichen. Ich saß seitlich an seinem Schreibtisch und überblickte mit ihm die Reihe der Helden.

Der neue Advokat

Wir haben einen neuen Advokaten, den Dr. Bucephalus. In seinem Äußern erinnert wenig an die Zeit, da er noch Streitroß Alexanders von Macedonien war. Wer allerdings mit den Umständen vertraut ist, bemerkt einiges. Doch sah ich letzthin auf der Freitreppe selbst einen ganz einfältigen Gerichtsdiener mit dem Fachblick des kleinen Stammgastes der Wettrennen den Advokaten bestaunen, als dieser, hoch die Schenkel hebend, mit auf dem Marmor aufklingendem Schritt von Stufe zu Stufe stieg.

Im allgemeinen billigt das Barreau die Aufnahme des Bucephalus. Mit erstaunlicher Einsicht sagt man sich, daß Bucephalus bei der heutigen Gesellschaftsordnung in einer schwierigen Lage ist und daß er deshalb, sowie auch wegen seiner weltgeschichtlichen Bedeutung, jedenfalls Entgegenkommen verdient. Heute – das kann niemand leugnen – gibt es keinen großen Alexander. Zu morden verstehen zwar manche; auch an der Geschicklichkeit, mit der Lanze über den Bankettisch hinweg den Freund zu treffen, fehlt es nicht; und vielen ist Macedonien zu eng, so daß sie Philipp, den Vater, verfluchen – aber niemand, niemand kann nach Indien führen. Schon damals waren Indiens Tore unerreichbar, aber ihre Richtung war durch das Königsschwert bezeichnet. Heute sind die Tore ganz anderswohin und weiter und höher vertragen; niemand zeigt die Richtung; viele halten Schwerter, aber nur, um mit ihnen zu fuchteln; und der Blick, der ihnen folgen will, verwirrt sich.

Vielleicht ist es deshalb wirklich das Beste, sich, wie es Bucephalus getan hat, in die Gesetzbücher zu versenken. Frei, unbedrückt die Seiten von den Lenden des Reiters, bei stiller Lampe, fern dem Getöse der Alexanderschlacht, liest und wendet er die Blätter unserer alten Bücher.

VIII

[Nachts]

Versunken in die Nacht. So wie man manchmal den Kopf senkt, um nachzudenken, so ganz versunken sein in die Nacht. Ringsum schlafen die Menschen. Eine kleine Schauspielerei, eine unschuldige Selbsttäuschung daß sie in Häusern schlafen, in festen Betten unter festem Dach ausgestreckt oder geduckt auf Matratzen, in Tüchern, unter Decken, in Wirklichkeit haben sie sich zusammengefunden wie damals einmal und wie später einmal in wüster Gegend, ein Lager im Freien, eine unübersehbare Zahl Menschen, ein Heer, ein Volk, unter kaltem Himmel auf kalter Erde, hingeworfen wo man früher stand, die Stirn auf den Arm gedrückt, das Gesicht gegen den Boden hin, ruhig atmend. Und Du wachst, bist einer der Wächter, findest den nächsten durch Schwenken des brennenden Holzes aus dem Reisighaufen neben Dir. Warum wachst Du? Einer muß wachen, heißt es. Einer muß dasein, *[bricht ab]*

[Das Wort des Königs]

Ich saß immer tief in der Werkstatt, ganz im Dunkel, man mußte dort manchmal erraten, was man in der Hand hielt, trotzdem aber bekam man für jeden schlechten Stich einen Hieb des Meisters.

Unser König machte keinen Aufwand; wer ihn nicht von Bildern kannte, hätte ihn nie als König erkannt. Sein Anzug war schlecht genäht, nicht in unserer Werkstatt übrigens, ein dünner Stoff, der Rock immer aufgeknöpft, fliegend und zerdrückt, der Hut verbeult, grobe schwere Stiefel, nachlässige weite Bewegungen der Arme, ein starkes Gesicht mit großer grader männlicher Nase, ein kurzer Schnurrbart, dunkle ein wenig zu scharfe Augen, kräftiger ebenmäßiger Hals. Einmal blieb er im Vorübergehn in der Tür unserer Werkstatt stehn und fragte die Rechte oben am Türbalken: Ist Franz hier? Er kannte alle Leute bei Namen. Ich drängte mich aus meinem dunklen Winkel zwischen den Gesellen durch. »Komm mit« sagte er nach kurzem Blick. »Er übersiedelt ins Schloß« sagte er zum Meister.[1]

[1] Der zweite Absatz in der Handschrift durch kurzen, waagerechten Strich vom vorangehenden Text abgesetzt.

Anhang

Nachwort

»... viele Geschichten, Liebste, trommeln ihre Märsche in meinem Kopf.«[1] So schildert Kafka einmal in einem Brief an Felice Bauer das Andrängen seiner unablässig produzierenden Phantasie. Zu Zeiten großer Produktivität empfand er diese Kräfte wie einen Strom, der ihn mit sich fortzureißen drohte. Erst das Niederschreiben brachte Erleichterung. Irgendein Notizheft, das Tagebuch oder ein paar lose Blätter, die gerade zur Hand waren, genügten. Kafkas Tagebücher und Notizhefte sind voll von solchen »Geschichten«. Teils sind sie abgeschlossen, wie die in einer einzigen Nacht niedergeschriebene Erzählung ›Das Urteil‹ – häufig jedoch sind sie Skizzen geblieben, Bruchstücke, Fragmente, die sich aus inneren oder äußeren Gründen nicht weiter »entwickelten«.

1 ›Briefe an Felice und andere Korrespondenz aus der Verlobungszeit‹. Hrsg. von Erich Heller und Jürgen Born. Frankfurt/Main 1970, S. 243; im folgenden zitiert unter der Sigle F.

Das Niedergeschriebene prüfte der Autor beim Lesen der Hefte, oftmals erst nach Tagen, auf seinen literarischen Wert. Und im nachhinein wählte er das eine oder andere Stück zur Veröffentlichung aus.

Entscheidend war für ihn offenbar, ob das Stück »Selbständigkeit«, d. h. eine gewisse kompositorische Geschlossenheit erreicht hatte, ›aus einem Guß‹ war, und im Ausdruck mit dem ursprünglich von ihm Gewollten übereinstimmte.

Kafka *wählte* sich beim Schreiben nie ein Thema, um es dann in einer sorgsam angelegten Komposition zu variieren. Er wob auch kein kunstvoll ersonnenes Beziehungsgeflecht wie Thomas Mann.

Seine »Geschichten« – so nannte er seine Prosastücke fast ausnahmslos – *fielen* ihm *ein.* Kaum eine von ihnen folgt einer Idee, die man bei einer Interpretation herauslösen könnte. Es sind vielmehr Bilder, die, wie im Falle der ›Verwandlung‹, den Autor schon vor dem Schreiben »bedrängen« (F 102) oder die im Verlauf des Schreibens Gestalt gewinnen.

Bezeichnenderweise greifen die Notizen Kafkas über das Entstehen seiner Dichtungen immer wieder auf Metaphern des Feuers, der Tiefe, aber auch auf die der Geburt zurück.[2]

Diese unmittelbare Art des dichterischen Schaffens kommentierte Hermann Broch 1948 in einem Brief an Günther Anders mit der Bemerkung, ihm wolle scheinen, »daß seit den Griechen niemals – vielleicht bloß mit Ausnahme Hölderlins – das Unbewußte so spontan immediat in den dichterischen Ausdruck gehoben wurde, wie dies bei Kafka immer wieder geschieht«.[3] Kafka war sich dieser Fähigkeit bewußt: »Nur so kann geschrieben werden, [. . .] mit solcher vollständigen Öffnung des Leibes und der Seele [. . .]«, notiert er am 23. September 1912 nach der Niederschrift des ›Urteils‹ ins Tagebuch. Ein Jahrzehnt später aber und bereits im fünften Jahr der Lungentuberkulose verurteilt er seine Art des Schreibens als »Lohn für Teufelsdienst [. . .]. Dieses Hinabgehen zu den dunklen Mächten, die Entfesselung von Natur

[2] Vgl. meinen Beitrag: ›Das Feuer zusammenhängender Stunden. Zu Kafkas Metaphorik des dichterischen Schaffens‹. In: ›Das Nachleben der Romantik in der modernen deutschen Literatur‹. Hrsg. von Wolfgang Paulsen. Heidelberg 1969, S. 177–191.

[3] Brief an Günther Anders vom 3. 1. 1948. In: ›Hermann Broch. Kommentierte Werkausgabe‹. Hrsg. v. Paul Michael Lützeler. Bd. 13/3. Frankfurt/Main 1981, S. 207.

aus gebundener Geister, fragwürdige Umarmungen und was alles noch unten vor sich gehen mag, von dem man oben nichts mehr weiß, wenn man im Sonnenlicht Geschichten schreibt«.[4] Kafka übertreibt allerdings, wenn er hinzufügt, er »kenne nur dieses«, kenne nur diese Art des Schreibens. Manche seiner an Alpträume erinnernden Erzählungen mögen auf diese Weise entstanden sein, ›Das Urteil‹ und möglicherweise auch ›Die Verwandlung‹, jene »ausnehmend ekelhafte Geschichte«, wie er sie in einem Brief an die Verlobte bezeichnet (F 117). Viele der nach 1917 entstandenen kleinen Prosastücke hingegen, z. B. ›[Das Schweigen der Sirenen]‹, ›[Prometheus]‹ und ›[Poseidon]‹, verraten – bei aller Intensität ihrer Sprachbilder – eine ungleich größere Distanz des Autors zu seinen Themen und Motiven. Anders wäre die ironische Umkehrung, etwa in der Darstellung des Meergotts Poseidon als unablässig rechnender Verwaltungsbeamter, gar nicht zu erklären.

Doch ob man nun Beziehungen zwischen dem Autor (als bürgerlicher Gestalt) und den

[4] Brief an Max Brod vom 5. Juli 1922, in: ›Briefe 1902–1924‹. 7.–9. Tsd. Frankfurt/Main o. J. [1966], S. 384.

Themen und Motiven seiner Prosastücke zu erkennen glaubt oder nicht, unbestritten bleibt die unübersehbare Fülle und außerordentliche Vielfalt der von seiner Einbildungskraft hervorgebrachten Bilder. Immerfort fallen ihm »Geschichten« ein, die »ungeheure Welt [...] im Kopfe« läßt ihn nicht zur Ruhe kommen (KKAT 562). Während er noch an einer Geschichte schreibt, fällt ihm eine zweite ein, so daß er zeitweilig zwei gewissermaßen gleichzeitig vorantreibt. Er sieht sich als Reiter, der die Zügel hält, gelegentlich aber auch von einer Geschichte »abgeworfen« wird. Einmal sieht er sich gar vier oder fünf Geschichten gegenüber, »aufgerichtet wie die Pferde vor dem Circusdirektor Schuhmann« (KKAT 718). Verliert er die Gewalt über seine Geschichten, bleiben sie als Fragmente im Tagebuch oder Notizheft zurück.

Man hat Kafkas Prosastücke mit erratischen Gesteinsblöcken verglichen, wie sie in der Eiszeit beim Rückzug der Gletscher liegenblieben. Sie sind da – aber man kann sie nur schwerlich zuordnen. So entziehen sich auch viele der hier versammelten Stücke der Klassifikation. Sie können bestimmten Motivkreisen und Themengruppen eigentlich nur versuchsweise zugeordnet werden. Denn häufig sind in einem Stück mehrere Motive und Themen miteinander verflochten. Man kann von Motivkreisen sprechen, die einander nicht nur berühren, sondern überschneiden. So wären denn auch andere Anordnungen denkbar gewesen als die in diesem Band verwirklichten, wenn man anderen Motiven Priorität gegeben hätte.

Die erste der in acht Themengruppen gegliederten Sammlung beginnt mit drei Stücken, deren gemeinsames Kennzeichen die Vorstellung schneller Bewegung ist: Sie findet sich in dem Wunsch des Kindes, als Indianer von einem Pferd über das offene Land getragen zu werden, ganz dem Schwunge hingegeben. Sie findet sich in der Situationsbeschreibung ›[Reisender werden]‹: Erlebnis und Empfindung des Eisenbahnfahrens sind hier bis zum äußersten gesteigert, nur die Bewegung des dahinrasenden Zuges wird noch wahrgenommen. Und auch in dem Stück ›Kinder auf der Landstraße‹ wird das zunächst abseits in seinem Zimmer sitzende Kind schließlich von der Gruppe der anderen Kinder in ihrem Lauf mitgerissen und stürmt mit ihnen ausgelassen und ganz dem Augenblick hingegeben durch den Abend; erst am Schluß, ein wenig nachdenklich geworden, tritt es allein seinen Heimweg an. – Die drei anderen Stücke dieser Gruppe: ›Zerstreutes Hinausschaun‹, ›Der Nachhauseweg‹ und ›Das Gassenfenster‹ kennzeichnet hingegen nachdenkliches Betrachten.

Der Motivkreis der zweiten Gruppe wird wesentlich von dem Verhältnis eines einzelnen zu einer Gemeinschaft bestimmt. Das erste Stück, ›Das Unglück des Junggesellen‹, eine – zunächst abstrakt scheinende – Betrachtung über das Junggesellendasein, nimmt unversehens eine Wendung ins Persönliche des sprechenden Ich. – In ›Der plötzliche Spaziergang‹ erwägt der »Betrachter« die Möglichkeit, sich noch zu später Stunde aus dem Kreis der um den Tisch versammelten Familie zu lösen, um einen Spaziergang zu unternehmen. Am Schluß deutet er die Erwartung an, das Heraustreten aus diesem Kreis könnte zu ungeahnter Selbständigkeit führen; sie zeigt sich am überzeugendsten in der Fähigkeit, sich einem andern zuzuwenden. – ›Der Kaufmann‹ beleuchtet das Schicksal des einzelnen, der erschöpft von der Arbeit nach Hause kommt. Quälende Sorgen um sein Geschäft verfolgen ihn auf dem Heimweg, im Lift führt er Gespräche mit seinen Gespenstern. – ›[Der Steuermann]‹ sieht sich im entscheidenden Augenblick, als jemand seine Autorität in Frage stellt, von seiner Mannschaft im Stich gelassen – ›[Der alte Bettler]‹ fühlt sich den Menschen seiner Umgebung so überlegen, daß er seinen Stammplatz auch beim Besuch des Kaisers nicht aufzugeben gedenkt. ›[Der kaiserliche Oberst]‹ schließlich wirkt auf die seinen Soldaten zahlenmäßig weit überlegenen Bürger des Städtchens durch Autorität und Selbstsicherheit: Mit seinem Blick beherrscht er sie.

Verlegenheiten, Zwangslagen, Ausweglosigkeiten kennzeichnen die Prosastücke der dritten Gruppe. Sie beginnt mit der Figur des vom Erzähler beargwöhnten »Nachbarn« und endet mit jenem scheuen Tier »in der Größe etwa eines Marders«, das sich schon jahrzehntelang in der Synagoge der immer kleiner werdenden Gemeinde eines Bergstädtchens aufhält.

Die vierte Gruppe beginnt mit dem unheimlichen Zwischenwesen Odradek (›Die Sorge des Hausvaters‹) und jener »Kreuzung« aus Katze und Lamm, enthält aber auch Schilderungen grotesk-komischer Tiere in Stücken wie ›[Der grüne Drache]‹ und ›[Der storchartige Vogel]‹. Beschlossen wird sie von einer Beschwörung, in der einer Schlange eindringlich erklärt wird, wie sie sich zusammenkringeln soll, von außen nach innen, »mit dem Kopf im innersten Kreis«.

Zur Kontemplation über die Scheinbarkeit der sichtbaren Welt, das große Thema der Täuschungen, (›Die Bäume‹, ›Auf der Galerie‹) und andere mit dem logischen Verstand schwerlich zu erklärende Erscheinungen fordern die Stücke der fünften Gruppe auf.

Die drei berühmten parabolischen Texte ›Vor dem Gesetz‹, ›Ein altes Blatt‹ und ›Eine kaiserliche Botschaft‹ bilden die erste Hälfte der sechsten Gruppe. Wie die übrigen drei tragen sie Züge mythischen Erzählens, die vor allem in ihren ungewöhnlichen Zeitvorstellungen zum Ausdruck kommen: Zeit kann hier von ungeahnter Dauer sein (der Mann vom Lande in der Parabel ›Vor dem Gesetz‹ wartet »Tage und Jahre«, ein ganzes Leben lang), sie mag sich ins Unendliche ausdehnen (der Bote in der Parabel ›Eine kaiserliche Botschaft‹ läuft »und so weiter durch Jahrtausende«), sie mag schließlich in einer Erscheinung zum Ausdruck gelangen, die sich im Laufe der Menschheitsgeschichte stets wiederholte (in ›Ein altes Blatt‹ dringen die »Nomaden aus dem Norden«, ein Volk von großer Vitalität und Wildheit, ohne kämpfen zu müssen in den Bereich zivilisierter, zum Widerstand aber unfähig gewordener Bürger, Handwerker und Geschäftsleute, ein).

›[Poseidon]‹, ›[Prometheus]‹ und ›[Das Schweigen der Sirenen]‹ schließen sich als bekannte Figuren der Mythologie wie selbstverständlich in der siebten Gruppe zusammen. Bei Kafka haben die genannten Figuren allerdings sowohl ihre ursprüngliche Würde als auch ihre ursprüngliche Funktion längst eingebüßt: Poseidon gebietet nicht mehr über die Meere, Prometheus wird nicht weiter durch die – in Jahrtausenden müde gewordenen – Götter bestraft, und die Sirenen haben die Kraft eingebüßt, durch ihren Gesang die Seefahrer ins Verderben zu ziehen. So können sich denn auch die – durch ihre lange Haft unbeweglich gewordenen – »Helden« zu ihnen gesellen. Und auch ›Der neue Advokat‹ mit dem Namen, den das Streitroß Alexanders des Großen trug, fügt sich ganz gut in die Reihe dieser ironisch gebrochenen Figuren ein.

Zwei Stücke beschließen diese Sammlung: Es ist einmal die Vision der auf der Wanderung oder auf der Flucht befindlichen, nachts unter freiem Himmel lagernden Menschen, über deren Schlaf die Wächter wachen. In dem zweiten Stück erzählt der Lehrling oder Geselle »Franz«, wie ihn ein Wort des Königs aus seiner leidvollen Lage im Dunkel der Werkstatt befreit. Dieses – in Kafkas Schriften seltene – Motiv der Befreiung findet sich in solcher Eindeutigkeit nur noch in einem Aphorismus (»Ein erstes Zeichen beginnender Erkenntnis [...]« KKAN II, 116). Dort ist von einem »Rest von Glauben« die Rede, »während des Transportes« (von einer Zelle in die andere) »werde zufällig der Herr durch den Gang kommen, den Gefangenen ansehn und sagen: ›Diesen sollt ihr nicht wieder einsperren. Er kommt zu mir.‹«

So verschiedenartig die Themen und Motive der hier versammelten Texte Kafkas, so unterschiedlich auch ihre Formen, gemeinsam ist ihnen der unverkennbare Duktus seiner Prosa. Viele von Kafkas ›Studien‹ sind darin den Skizzen großer bildender Künstler vergleichbar: Jede ihrer an den Rand eines Blattes gesetzten Zeichnungen läßt bis ins kleinste Detail hinein unverwechselbar die Hand des Meisters erkennen, der sie schuf.

Zur Einrichtung des Bandes

Die hier versammelten Texte Kafkas stammen aus allen Zeiten der rund zwei Jahrzehnte seines Schaffens. Sie kommen zu etwa einem Drittel aus den beiden von ihm noch zum Druck gegebenen Bänden ›Betrachtung‹ (1912) und ›Ein Landarzt‹ (1920); etwa zwei Drittel sind den Bänden ›Nachgelassene Schriften und Fragmente I und II‹ und ›Tagebücher‹ der Kritischen Kafka-Ausgabe entnommen. Auf die Herkunft des Textes wird jeweils auf den Seiten 165–169 des vorliegenden Bandes verwiesen, und zwar unter Verwendung der folgenden Abkürzungen bzw. Siglen:

KKAT	Franz Kafka: ›Tagebücher‹. Hrsg. von Hans-Gerd Koch, Michael Müller und Malcolm Pasley. Frankfurt/Main: S. Fischer, 1990. (Franz Kafka: ›Schriften, Tagebücher, Briefe. Kritische Ausgabe‹. Hrsg. von Jürgen Born, Gerhard Neumann, Malcolm Pasley und Jost Schillemeit unter Beratung von Nahum N. Glatzer, Rainer Gruenter, Paul Raabe und Marthe Robert)
KKAN I	Franz Kafka: ›Nachgelassene Schriften und Fragmente I‹. Hrsg. von Malcolm Pasley. Frankfurt/Main: S. Fischer, 1993. (Franz Kafka: ›Schriften, Tagebücher, Briefe. Kritische Ausgabe‹)

KKAN II	Franz Kafka: ›Nachgelassene Schriften und Fragmente II‹. Hrsg. von Jost Schillemeit. Frankfurt/Main: S. Fischer, 1992. (Franz Kafka: ›Schriften, Tagebücher, Briefe. Kritische Ausgabe‹)
B	Franz Kafka: ›Beschreibung eines Kampfes. Novellen, Skizzen, Aphorismen aus dem Nachlaß‹. Prag: Verlag Heinr. Mercy Sohn, 1936. (›Gesammelte Schriften‹. Bd. V [Hrsg. von Max Brod.])
Be	Franz Kafka: ›Betrachtung‹. Leipzig: Ernst Rowohlt [bzw. Kurt Wolff] Verlag, 1913. [Der Band erschien bereits 1912.]
ChM	Franz Kafka: ›Beim Bau der Chinesischen Mauer. Ungedruckte Erzählungen und Prosa aus dem Nachlaß‹. Hrsg. von Max Brod und Hans Joachim Schoeps. Berlin: Gustav Kiepenheuer Verlag, 1931.
GS:VI	Franz Kafka: ›Tagebücher und Briefe‹. Prag: Verlag Heinr. Mercy Sohn, 1937. (Franz Kafka: ›Gesammelte Schriften‹. Bd. VI [Hrsg. von Max Brod in Gemeinschaft mit Heinz Politzer])
GW:H	Franz Kafka: ›Hochzeitsvorbereitungen auf dem Lande und andere Prosa aus dem Nachlaß‹. Frankfurt/Main: S. Fischer, 1966. (›Gesammelte Werke‹. Hrsg. von Max Brod)
GW:T	Franz Kafka: ›Tagebücher 1910–1923‹. Frankfurt/Main: S. Fischer, 1951. (›Gesammelte Werke‹. Hrsg. von Max Brod)
La	Franz Kafka: ›Ein Landarzt. Kleine Erzählungen‹. München und Leipzig: Kurt Wolff Verlag, 1919.

An einer Stelle (›[Die Nachricht vom Mauerbau]‹) wurde ein in der Handschrift gestrichener Absatz dem Text hinzugefügt; eine Fußnote verweist darauf. In gleicher Form werden auch alle anderen Veränderungen gegenüber der Handschrift gekennzeichnet. Die in der Handschrift unvollständige Zeichensetzung wurde nicht ergänzt, auch die – vom heutigen Gebrauch abweichende – Rechtschreibung nicht geändert.

Textnachweise

I

›Wunsch, Indianer zu werden‹: Text folgt dem Erstdruck in Be 77f.

›[Reisender werden]‹: Erstdruck in GW:T 520. Text folgt KKAT 814. (Titel von Jürgen Born)

›Kinder auf der Landstraße‹: Text folgt dem Erstdruck in Be 1–16.

›Zerstreutes Hinausschaun‹: Erstdruck in Hyperion. Eine Zweimonatsschrift. Hrsg. von Franz Blei und Carl Sternheim. [1. Folge] 1. Band, Heft 1 [Januar–Februar]. München 1908. Text folgt der ersten Buchveröffentlichung in Be 51f.

›Der Nachhauseweg‹: Erstdruck in Hyperion. Eine Zweimonatsschrift, 1. Bd., H. 1 (1908). Text folgt der ersten Buchveröffentlichung in Be 53–55.

›Das Gassenfenster‹: Text folgt dem Erstdruck in Be 75f.

II

›Das Unglück des Junggesellen‹: Text folgt dem Erstdruck in Be 39–41. Eine frühere Version findet sich in Kafkas Tagebüchern, vgl. KKAT 249f.

›Der plötzliche Spaziergang‹: Text folgt dem Erstdruck in Be 27–31. Vgl. auch Kafkas Tagebuchaufzeichnungen, KKAT 347f.

›Der Kaufmann‹: Erstdruck in Hyperion. Eine Zweimonatsschrift, 1. Bd., H. 1 (1908). Text folgt der ersten Buchveröffentlichung in Be 42–50.

›[Der Steuermann]‹: Erstveröffentlichung in B 119. Text folgt KKAN II 324. (Titel von Max Brod)

›[Der alte Bettler]‹: Erstdruck in GW:T 522f. Text folgt KKAT 817. (Titel von Jürgen Born)

›[Der kaiserliche Oberst]‹: Erstdruck in GW:H 326f. Text folgt KKAN II 278f. (Titel von N. N. Glatzer)

III

›[Der Nachbar]‹: Erstveröffentlichung unter dem hier zitierten Titel in ChM 74–76. Text folgt KKAN I 370–372.

›Ein Kommentar‹: Erstveröffentlichung unter dem Titel ›Gibs auf!‹ in B 117. Text folgt KKAN II 530.

›[Der Schlag ans Hoftor]‹: Erstveröffentlichung unter dem hier zitierten Titel in B 117. Text folgt KKAN I 361–364.

›Auf dem Dachboden‹: Erstdruck in GW:H 149f. Text folgt KKAN I 272f.

›[Das Tier in der Synagoge]‹: Erstdruck in GS: VI 189–194. Text folgt KKAN II 405–411. (Titel von N. N. Glatzer)

IV

›Die Sorge des Hausvaters‹: Erstveröffentlichung in Selbstwehr. Unabhängige jüdische Wochenschrift. Hrsg. von Felix Weltsch. 13. Jg., Nr. 51/52 (Chanukkah-Nummer), Prag, 19. 12. 1919. Text folgt der ersten Buchveröffentlichung in La 95–101.

›Eine Kreuzung‹: Erstveröffentlichung in ChM 54–56. Text folgt KKAN I 372–374.

›[Der Geier]‹: Erstveröffentlichung in B 115. Unser Text folgt KKAN II 329f. (Titel von Max Brod)

›[Der grüne Drache]‹: Erstdruck in GW:H 282. Text folgt KKAN II 547f. (Titel von N. N. Glatzer)

›[Der storchartige Vogel]‹: Erstdruck in GW:H 142–145. Text folgt KKAN I 365–367. (Titel von Jürgen Born)

›[Der Schlangenbeschwörer]‹: Erstdruck in GW:H 140. Text folgt KKAN I 416f. (Titel von Jürgen Born)

V

›Die Bäume‹: Erstdruck in Hyperion. Eine Zweimonatsschrift, 1. Bd., H. 1 (1908). Text folgt der ersten Buchveröffentlichung in Be 79.

›Auf der Galerie‹: Text folgt der Erstveröffentlichung in La 34–38.

›Das nächste Dorf‹: Text folgt der Erstveröffentlichung in La 88f.

›[Zweigeteilt]‹: Erstdruck in ChM 222f. Text folgt KKAT 862. (Titel von Jürgen Born)

›[Ketten]‹: Erstdruck in GS: VI 208. Text folgt KKAN II 63. (Titel von Jürgen Born)

›[Robinson]‹: Erstdruck in ChM 220. Text folgt KKAT 859. (Titel von Jürgen Born)

›[Kuriere]‹: Erstdruck in ChM 234. Text folgt KKAN II 123. (Titel von N. N. Glatzer)

›[Der Bau des Tempels]‹: Erstdruck in GS: VI 237. Text folgt KKAN II 107f. (Titel von Jürgen Born)

VI

›Vor dem Gesetz‹: Erstveröffentlichung in Selbstwehr. Unabhängige jüdische Wochenschrift. Hrsg. von Siegmund Kaznelson. 9. Jg., Nr. 34 (Neujahrs-Festnr.), Prag, 7. 9. 1915. Text folgt der ersten Buchveröffentlichung in La 49–56.

›Ein altes Blatt‹: Erstveröffentlichung in Marsyas. Eine Zweimonatsschrift. Hrsg. von Theodor Tagger [alias Ferdinand Bruckner]. 1. Heft, Juli und August. Berlin 1917. Text folgt der ersten Buchveröffentlichung in La 39–48.

›Eine kaiserliche Botschaft‹: Erstveröffentlichung in Selbstwehr. Unabhängige jüdische Wochenschrift. Hrsg. von Felix Weltsch. 13. Jg., Nr. 38/39 (Neujahrs-Nr.), Prag, 24. 9. 1919. Text folgt der ersten Buchveröffentlichung in La 90–94.

›[Die Nachricht vom Mauerbau]‹: Erstdruck in GS: VI 175 f. Text folgt KKAN I 356 f. (Titel von N. N. Glatzer)

›[Die Truppenaushebung]‹: Erstveröffentlichung in GS: VI 176–179. Text folgt KKAN II 273–277. (Titel von Max Brod)

›[Das Stadtwappen]‹: Erstveröffentlichung unter diesem Titel in ChM 33–35. Text folgt KKAN II 318 f., 323.

VII

›[Poseidon]‹: Erstveröffentlichung in B 100 f. Text folgt KKAN II 300–302. (Titel von Max Brod)

›[Prometheus]‹: Erstveröffentlichung unter diesem Titel in ChM 42. Text folgt KKAN II 69 f.

›[Das Schweigen der Sirenen]‹: Erstveröffentlichung unter diesem Titel in ChM 39–41. Text folgt KKAN II 40–42.

›[Die Entlassung der Helden]‹: Erstdruck in GW:H 409. Text folgt KKAN II 417. (Titel von Jürgen Born)

›Der neue Advokat‹: Erstveröffentlichung in Marsyas. Eine Zweimonatsschrift. Hrsg. von Theodor Tagger [alias Ferdinand Bruckner]. 1. Heft, Juli und August. Berlin 1917. Text folgt der ersten Buchveröffentlichung in La 1–5.

VIII

›[Nachts]‹: Erstveröffentlichung in B 118. Text folgt KKAN II 260 f. (Titel von Max Brod)

›[Das Wort des Königs]‹: Erstdruck in GW:T 518 f. Text folgt KKAT 811 f. (Titel von Jürgen Born)

Danksagung

Gedankt sei vor allem Harald Bluhm und Klaus Peter Wahner, die durch ihr intelligentes wie aufmerksames Mitwirken zur Entstehung dieses Bandes maßgeblich beigetragen haben. Dankbar verbunden weiß ich mich Rudolf Hirsch für Anregungen bei der Zusammenstellung der Prosastücke, meinem Kollegen Dietrich Weber für manches erhellende Gespräch über Formen künstlerischen Erzählens.

Wuppertal, im Juni 1994 JB

Kommentare und Interpretationen. Eine Auswahl

Das Verzeichnis der Kommentare und Interpretationen bietet eine Auswahl vor allem textorientierter Beiträge zu den hier versammelten Prosastücken. Sie verstehen sich als Angebot an den Leser; sie können Anregungen bieten, die eigene deutende Auseinandersetzung mit Kafkas Texten aber nicht ersetzen.

Die im folgenden angeführten Titel stammen zum größten Teil aus dem Verzeichnis von Maria Luise Caputo-Mayr und Julius M. Herz: ›Franz Kafka. Eine kommentierte Bibliographie der Sekundärliteratur (1955 bis 1980, mit einem Nachtrag 1985)‹. Bern, Stuttgart 1987, sowie dessen Fortsetzung im Journal of The Kafka Society of America 14. Jg., Nr. 1 u. 2 (Juni/Dezember 1990).

Häufiger genannte Fachzeitschriften werden unter den folgenden Siglen zitiert:

CG	Colloquia Germanica (Bern)
DVjs	Deutsche Vierteljahrsschrift für Literaturwissenschaft und Geistesgeschichte (Stuttgart)
GR	The Germanic Review (New York)
JEGP	The Journal of English and Germanic Philology (Urbana, IL)
MLN	Modern Language Notes (Baltimore, MD)
WW	Wirkendes Wort (Bonn)
ZfdPh	Zeitschrift für deutsche Philologie (Berlin)

Allgemeines

Hartmut Binder: ›Kafka-Kommentar zu sämtlichen Erzählungen.‹ München 1975.

›Franz Kafka. Kritik und Rezeption zu seinen Lebzeiten 1912–1924.‹ Hrsg. von Jürgen Born unter Mitwirkung von Herbert Mühlfeit und Friedemann Spicker. Frankfurt/Main 1979.

›Franz Kafka. Kritik und Rezeption 1924–1938.‹ Hrsg. von Jürgen Born unter Mitwirkung von Elke Koch, Herbert Mühlfeit und Mercedes Treckmann. Frankfurt/Main 1983.

Beiträge zu den einzelnen Texten

›Kinder auf der Landstraße‹

– Glinz, Hans: ›Methoden zur Objektivierung des Verstehens von Texten, gezeigt an Kafka *Kinder auf der Landstraße*‹. In: Jahrbuch für Internationale Germanistik Jg. 1 (1969), H. 1, S. 75–107.
– Kojima, K.: ›Kafka *Kinder auf der Landstraße* – die Probe von Glinz und die unsere‹. In: Jahrbuch für Internationale Germanistik Jg. 7 (1975), H. 2, S. 122–140.
– Thieberger, Richard: ›Noch einmal: *Kinder auf der Landstraße*. Zum Thema: Ist Kafka Realist?‹ In: Jahrbuch für Internationale Germanistik Jg. 11 (1979), H. 2, S. 53–56.

›Zerstreutes Hinausschaun‹

– Lettau, Reinhard: ›Verlangsamung des Wahrnehmens‹ und ›Erzählmodelle Kafkas‹. In: R. L.: Zerstreutes Hinausschaun. Vom Schreiben über Vorgänge in direkter

›Zerstreutes Hinausschaun‹ *(Fortsetzung)*
Nähe oder in der Entfernung von Schreibtischen. Frankfurt/Main 1982, S. 167–171 und 171–190.

›Der plötzliche Spaziergang‹
– Grandin, John M.: ›Kafka's *Der plötzliche Spaziergang*‹. In: MLN 89 (1974), S. 866–872.
– Bilut, Zofia: ›Zur Frage der Textkomposition – expliziert an: Franz Kafka, *Der plötzliche Spaziergang*‹. In: Rocznik naukowo – dydaktyczny. Fílologia germańska (1984), Nr. 4/59, S. 115–128.

›[Der Steuermann]‹
– Reh, Albert M.: ›Psychologische und psychoanalytische Interpretationsmethoden in der Literaturwissenschaft‹. In: Psychologie in der Literaturwissenschaft. Hrsg. von Wolfgang Paulsen. Heidelberg 1971, S. 34 bis 55. (= Poesie und Wissenschaft, 32)

›[Der Nachbar]‹
– Hajek, Siegfried: ›Die moderne Kurzgeschichte im Unterricht. Franz Kafka: *Der Nachbar*‹. In: Der Deutschunterricht 7 (1955), Nr. 1, S. 5–12.
– Zimmermann, Werner: ›Martin Walser, *Ein schöner Sieg* (1960) im Vergleich mit Franz Kafkas *Der Nachbar*‹. In: W. Z.: Deutsche Prosadichtungen unseres Jahrhunderts. Düsseldorf 1969, S. 250–266.
– Gross, Ruth v.: ›The paranoid reader and his neighbor. Subversion in the text of Kafka‹. In: Kafka and the Contemporary Critical Performance. Centenary Readings. Edited by Alan Udoff. Bloomington, Indianapolis 1987, S. 150–157.

›Ein Kommentar [Gibs auf!]‹
- Politzer, Heinz: ›Eine Parabel Fanz Kafkas. Versuch einer Interpretation‹. In: Jahrbuch der deutschen Schillergesellschaft 4 (1960), S. 463–483.
- Politzer, Heinz: ›*Gibs auf!* – Zum Problem der Deutung von Kafkas Bildsprache‹. In: H. P.: Franz Kafka, der Künstler. Frankfurt/Main 1965, S. 19–44. [engl. Erstausgabe u. d. T. ›Franz Kafka. Parable and Paradox‹, 1962.]
- Steffen, Hans: ›*Ich bin Anfang oder Ende*. Zur Bedeutung der Dichtung Kafkas‹. In: Mélanges offerts à Claude David pour son 70e anniversaire. Ed. par Jean-Louis Bandet. Bern 1983, S. 421–443.
- Langhauser, Joachim: ›Franz Kafka: *Kleine Fabel, Gibs auf.* Ein Vergleich‹. In: An die Verstummten. Expressionismus im Unterricht. Hrsg. von Dominique Tetzlaff und Jeanpierre Guindon. Frankfurt/Main 1988, S. 165–171.

›[Das Tier in der Synagoge]‹
- Robert, Marthe: ›Zu Kafkas Fragment *In unserer Synagoge*‹. In: Merkur 2 (1948), S. 113f.

›Die Sorge des Hausvaters‹
- Pasley, Malcolm: ›Drei literarische Mystifikationen Kafkas‹. In: Kafka-Symposion. Hrsg. von Jürgen Born, Ludwig Dietz, Malcolm Pasley, Paul Raabe und Klaus Wagenbach. München 1965, S. 21–37.
- Emrich, Wilhelm: ›Die Sorge des Hausvaters‹. In: Akzente. Zeitschrift für Dichtung, 13 (1966), S. 295 bis 303.
- Pasley, Malcolm: ›Die Sorge des Hausvaters‹. In: Akzente. Zeitschrift für Dichtung, 13 (1966), S. 303 bis 309.

›Die Sorge des Hausvaters‹ *(Fortsetzung)*

– Stahl, August: ›*Konfusion ohne Absicht?* Zur Interpretation von Kafkas Erzählung *Die Sorge des Hausvaters*‹. In: Saarbrücker Beiträge zur Ästhetik (1966), S. 67–78.
– Hillmann, Heinz: ›Das Sorgenkind Odradek‹. In: ZfdPh 86 (1967), S. 197–210.
– Bansberg, Dietger: ›Durch Lüge zur Wahrheit. Eine Interpretation von Kafkas Geschichte *Die Sorge des Hausvaters*‹. In: ZfdPh 93 (1974), S. 257–269.
– Kühne, Jörg: ›*Wie das Rascheln in gefallenen Blättern.* Versuch zu Franz Kafka‹. Tübingen 1975.
– Höllerer, Walter: ›Odradek unter der Stiege. Eröffnungsreferat für das Franz-Kafka-Symposion London, 20. 10. 1983‹. In: Sprache im technischen Zeitalter 85 (1983), S. 350–362.

›Eine Kreuzung‹

– Fingerhut, Karl Heinz: ›Die Funktion der Tierfiguren im Werke Franz Kafkas. Offene Erzählgerüste und Figurenspiele‹. Bonn 1969, S. 107–112. [Enthält auch Deutungen zu den meisten anderen hier wiedergegebenen Texten.]
– Milfull, Helen: ›*Weder Katze noch Lamm*? Franz Kafkas Kritik des Westjüdischen‹. In: Im Zeichen Hiobs. Jüdische Schriftsteller und deutsche Literatur im 20. Jahrhundert. Hrsg. von Gunter E. Grimm und Hans-Peter Bayerdörfer. Königstein/Ts. 1985, S. 178–192.

›Die Bäume‹

– Enklaar, Jattie: ›*Die Bäume.* Zum dialektischen Prinzip in Kafkas Texten‹. In: Duitse kroniek 39 (1989), N. 2/4, S. 31–41.

›Auf der Galerie‹
- Spahr, Blake Lee: ›Kafka's *Auf der Galerie.* A Stylistic Analysis‹. In: The German Quarterly (Appleton, WI) 3 (1960), S. 211–215.
- Mast, Günther: ›Ein Beispiel moderner Erzählkunst in Mißdeutung und Erhellung‹. In: Neue Sammlung 2 (1962), S. 237–247.
- Foulkes, A. P.: ›*Auf der Galerie*: Some Remarks Concerning Kafka's Concept and Portrayal of Reality‹. In: Seminar 2 (1966), Nr. 2, S. 34–42.
- Glaser, Hermann: ›Franz Kafka. *Auf der Galerie*‹. In: Interpretationen moderner Prosa. Frankfurt/Main [u. a.] 1966, S. 40–48.
- Margetts, John: ›Satzsyntaktisches Spiel mit der Sprache: zu Franz Kafkas *Auf der Galerie*‹. In: CG4 (1970), S. 76–82.
- Reschke, Claus: ›The Problem of Reality in Kafka's *Auf der Galerie*‹. In: GR 51 (1976), S. 41–51.
- Zimmermann, Werner: ›Franz Kafka: *Auf der Galerie* (1919)‹. In: Deutsche Prosadichtungen unseres Jahrhunderts. 6. Aufl. Düsseldorf 1981, S. 199–205.
- Keller, Karin: ›Kunst und Melancholie. Zu Franz Kafkas Prosastück *Auf der Galerie*‹. In: Spiegel im dunklen Wort 2 (1986), S. 115–139.
- Tscherpel, Rudolf Maria: ›Schein und Wirklichkeit‹. In: Etudes Germaniques 44 (1989), S. 285–299.

›Das nächste Dorf‹
- Mosès, Stéphane: ›Brecht und Benjamin als Kafka-Interpreten‹. In: Juden in der deutschen Literatur. Frankfurt/Main 1986, S. 237–256.

›Vor dem Gesetz‹
– Urzidil, Johannes: ›Das Reich des Unerreichbaren. Kafka-Deutungen‹. In: GR 36 (1961), S. 163–179.
– Henel, Ingeborg: ›Die Türhüterlegende und ihre Bedeutung für Kafkas *Prozeß*‹. In: DVjs (1963), S. 50–70.
– Deinert, Herbert: ›Franz Kafka. Sieben Prosastücke. Ausgewählt und interpretiert‹. München 1965. [›Vor dem Gesetz‹: S. 89–97]
– Brandstetter, Alois: ›Zum Gleichnisreden der Dichter. Hermeneutik einer Kafkaschen Parabel‹. In: Blätter. Zeitschrift für Studierende, 21 (1966), Nr. 1/2, S. 8–12.
– Sokel, Walter H.: ›Das Verhältnis der Erzählperspektive zu Erzählgeschehen und Sinngehalt in *Vor dem Gesetz*, *Schakale und Araber* und *Der Prozeß*. Ein Beitrag zur Unterscheidung von ‚Parabel' und ‚Geschichte' bei Kafka‹. In: ZfdPh 86 (1967), S. 267–300.
– Born, Jürgen: ›Kafka's Parable *Before The Law*: Reflections towards a Positive Interpretation‹. In: Mosaic 3 (1970), Nr. 4 [›New Views on Kafka‹], S. 153–162. [dt. Fassung: ›Kafkas Türhüterlegende. Versuch einer positiven Deutung.‹ In: Jenseits der Gleichnisse. Kafka und sein Werk. Bern, Frankfurt/M., New York: 1986, S. 170–181].
– Rosteutscher, Joachim: ›Kafkas Parabel *Vor dem Gesetz* als Antimärchen‹. In: Festschrift für Friedrich Beißner. Hrsg. v. Ulrich Gaier u. Werner Volke. Bebenhausen 1974, S. 359–363.
– Steinberg, Erwin R.: ›Kafka's *Before The Law*: A Religious Archetype with Multiple Referents‹. In: Cithara 18 (1978), Nr. 1, S. 27–45.
– Zimmermann, Werner: ›Franz Kafka: *Vor dem Gesetz*‹. In: Deutsche Prosadichtungen unseres Jahrhunderts. 1. Neufassung, 6. Aufl. Düsseldorf 1981, S. 219–227.
– Derrida, Jacques: ›Devant La Loi‹. Transl. by Avital

›Vor dem Gesetz‹ *(Fortsetzung)*
Ronell. In: Kafka and the Contemporary Critical Performance. Centenary Readings. Edited by Alan Udoff. Bloomington, Indianapolis 1987, S. 128–149.
– Binder, Hartmut: ›Parabel als Problem. Eine Formbetrachtung zu Kafkas *Vor dem Gesetz*‹. In: WW 38 (1988), S. 39–61.
– Voigts, Manfred: ›Von den Türhütern und von den Männern vom Lande. Traditionen und Quellen zu Kafkas *Vor dem Gesetz*‹. In: Neue Deutsche Hefte (Berlin), 36 (1989/90), S. 590–604.
– ›Neue Literaturtheorien in der Praxis. Textanalysen von Kafkas *Vor dem Gesetz*‹. Hrsg. von Klaus Michael Bogdal. Opladen 1993.

›Ein altes Blatt‹
– Bedwell, Carol B.: ›The Forces of Destruction in Kafka's *Ein altes Blatt*‹. In: Monatshefte 58 (1966), S. 43–48.
– Metzger, Michael, u. Erika Metzger: ›Franz Kafkas *Ein altes Blatt* im Deutschunterricht‹. In: Kentucky Foreign Language Quarterly 13 (1966), S. 30–36.
– Nicolai, Ralf R.: ›*Ein altes Blatt* als Beispiel für Kafkas Weltanschauung‹. In: Akten des VI. Internationalen Germanisten-Kongresses Basel 1980. Bern 1980, S. 481–485.
– Zobel, Klaus: ›Franz Kafka: *Ein altes Blatt*‹. In: Klaus Zobel: Textanalysen. Eine Einführung in die Interpretation moderner Kurzprosa. Paderborn [u. a.] 1985, S. 51–59.

›Eine kaiserliche Botschaft‹
– Zimmermann, Werner: ›Franz Kafka: *Eine kaiserliche Botschaft*‹. In: W. Z.: Deutsche Prosadichtungen der Gegenwart. Düsseldorf 1954, S. 165–167.

›Eine kaiserliche Botschaft‹ *(Fortsetzung)*
- Hart Nibbrig, Christiaan L.: ›Die verschwiegene Botschaft oder: Bestimmte Interpretierbarkeit als Wirkungsbedingung von Kafkas Rätseltexten‹. In: DVjs 51 (1977), S. 459–475.
- Rapaport, Herman: ›*An Imperial Message*. The Relays of Desire‹. In: MLN 95 (1980), S. 133–137.
- Bartmann, Christoph: ›*Eine kaiserliche Botschaft*. Modalität als Denkspiel‹. In: brücken. Neue Folge. Germanistisches Jahrbuch (1991/92), S. 117–121.

›[Die Nachricht vom Mauerbau]‹
- Spector, R[obert] D[onald]: ›Kafka's Epiphanies‹. In: Kentucky Foreign Language Quarterly 10 (1963), S. 47–54.
- Greenberg, Clement: ›At the Building of the Great Wall of China‹. In: Franz Kafka Today. Edited by Angel Flores and Homer Swander. Madison 1964, S. 77–81.
- Baumer, Franz: ›Franz Kafka. Sieben Prosastücke‹. München 1965. [›Beim Bau der Chinesischen Mauer‹: S. 115–121]
- Goodden, Christian: ›*The Great Wall of China*: The Elaboration of an Intellectual Dilemma‹. In: On Kafka. Semi-Centenary Perspectives. Edited by Franz Kuna. London, New York 1976, S. 128–145.
- Kopper, John M.: ›Building Walls and Jumping Over Them: Constructions in Franz Kafka's *Beim Bau der Chinesischen Mauer*‹. In: MLN 98 (1983), S. 351–355.
- Rignall, J. M.: ›History and Consciousness in *Beim Bau der Chinesischen Mauer*‹. In: Paths and Labyrinths. Ed. by J. P. Stern and J. J. White. London 1985.

›[Die Truppenaushebung]‹
– Ide, Heinz: ›Fanz Kafka, *Der Gruftwächter* und *Die Truppenaushebung*. Zur ‚religiösen' Problematik im Kafka-Werk‹. In: Jahrbuch der Wittheit zu Bremen 5 (1961), S. 7–27.

›[Das Stadtwappen]‹
– Zimmermann, Werner: ›Franz Kafka: *Das Stadtwappen*‹. In: Deutsche Prosadichtungen unseres Jahrhunderts. 1. Neufassung, 6. Aufl. Düsseldorf 1981, S. 241 bis 246.

›[Poseidon]‹
– Biemel, Walter: ›*Poseidon*. Bemerkungen zu der Erzählung Kafkas‹. In: Die Tat (Zürich) vom 1. 11. 1952.
– Born, Jürgen: ›Kafkas unermüdliche Rechner‹. In: Euphorion 64 (1970), S. 404–413.
– Diller, Edward: ›Franz Kafka's Poseidon Adventure‹. In: Seminar 16 (1980), S. 234–241.

›[Prometheus]‹
– Stierle, Karlheinz: ›Mythos als ‚bricolage' und zwei Endstufen des Prometheusmythos‹. In: Poetik und Hermeneutik 4. Terror und Spiel. Hrsg. v. Manfred Fuhrmann. München 1971, S. 455–472.
– Beller, Manfred: ›The Fire of Prometheus and the Theme of Progress in Goethe, Nietzsche, Kafka, and Canetti‹. In: CG 17 (1984), S. 1–13.
– Karst, Roman: ›Kafkas Prometheussage oder das Ende des Mythos‹. In: GR 60 (1985), Nr. 2, S. 42–47.

›[Das Schweigen der Sirenen]‹
- Urzidil, Johannes: ›Umgang mit Sirenen‹. In: Merkur 16 (1962), S. 742–748.
- Foulkes, A. P.: ›An Interpretation of Kafka's *Das Schweigen der Sirenen*‹. In: JEGP 64 (1965), S. 98 bis 104.
- Politzer, Heinz: ›*Das Schweigen der Sirenen*‹. In: DVjs 49 (1967), S. 444–467. [Auch, überarbeitet, in H. P.: ›*Das Schweigen der Sirenen.* Studien zur Deutschen und Österreichischen Literatur‹. Stuttgart 1968, S. 13–41.]
- Allemann, Beda: ›Kafka und die Mythologie‹. In: Zeitschrift für Ästhetik und allgemeine Kunstwissenschaft 20 (1975), S. 129–144.
- Strauss, Walter A.: ›Siren-Language: Kafka and Blanchot‹. In: Substance (Univ. of Wisconsin) 14 (1976), S. 18–33.
- Detsch, Richard: ›Delusion in Kafka's Parables *Vor dem Gesetz*, *Das Schweigen der Sirenen* and *Von den Gleichnissen*: A Hermeneutical Approach‹. In: Modern Austrian Literature (Binghamton, NY) 14 (1981), Nr. 1–2, S. 12–23.
- Mattenklott, Gert: ›Gewinnen, nicht siegen. Kommentare zu zwei Texten von Kafka‹. In: Merkur 39 (1985), S. 961–968.
- Kittler, Wolf: ›*Der Turmbau zu Babel* und *Das Schweigen der Sirenen*: Über das Reden, das Schweigen, die Stimme und die Schrift in vier Texten von Franz Kafka.‹ Hrsg. v. Detlef Bernd Leistner u. Dietmar Peschel-Reutsch. Erlangen 1985.
- Rath, Norbert: ›Mythos-Auflösung. Kafkas *Das Schweigen der Sirenen*‹. In: Kafka and the Contemporary Critical Performance. Centenary Readings. Edited by Alan Udoff. Bloomington, Indianapolis 1987, S. 165 bis 177.

›[Das Schweigen der Sirenen]‹ *(Fortsetzung)*
Weissberg, Liliane: ›Singing of Tales: Kafka's Sirens‹. In: Kafka and the Contemporary Critical Performance. Centenary Readings. Edited by Alan Udoff. Bloomington, Indianapolis 1987, S. 165–177.
– Kremer, Detlef: ›Tönende, schweigende Sirenen. Franz Kafkas Erzählung *Das Schweigen der Sirenen*‹. In: Johannes Janota (Hrsg.): Germanistik, Deutschunterricht und Kulturpolitik. Bd. 3. Tübingen 1993, S. 127–133.

›Der neue Advokat‹
– Sokel, Walter H.: ›Kafka's Law and Its Renunciation. A Comparison of the Function of the Law in *Before the Law* and *The new Advocate*‹. In: Probleme der Komparatistik und Interpretation: Festschrift für André von Gronicka zum 65. Geburtstag am 25. 5. 1977. Hrsg. von Walter H. Sokel, Albert A. Kipa und Hans Ternes. Bonn 1978, S. 193–215.
– Kurz, Gerhard: ›*Der neue Advokat.* Kulturkritik und literarischer Anspruch bei Kafka‹. In: Was bleibt von Franz Kafka? Positionsbestimmung / Kafka-Symposion, Wien 1983. Unter Mitwirkung von Georg Kranner hrsg. von Wendelin Schmidt-Dengler, 2. Aufl. Wien 1985, S. 115–127.
– Steinmetz, Rolf-Henning: ›Kafkas neuer Advokat‹. In: WW 41 (1991), S. 72–80.

›[Nachts]‹
– Davey, E. R.: ›The Journey's End – A Study of Franz Kafka's Prose Poem *Nachts*‹. In: GR LIX (1984), S. 32 bis 38.
– Tscherpel, Rudolf Maria: ›Schein und Wirklichkeit‹. In: Études Germaniques 44 (1989), S. 285–299.

Alphabetisches Verzeichnis der Überschriften und Textanfänge

Textanfänge sind gerade, Überschriften sind *kursiv*

Franz Kafka
Briefe an Milena

Erweiterte und neu geordnete Ausgabe
Herausgegeben von
Jürgen Born und Michael Müller
Band 5307

»... eben hat der zwei Tage und eine Nacht dauernde Regen aufgehört, wahrscheinlich zwar nur vorübergehend, immerhin ein Ereignis wert gefeiert zu werden und das tue ich indem ich Ihnen schreibe« – Kafkas erster Brief an Milena beginnt wie ein Roman – zusammen gelesen werden alle seine Briefe an diese Frau zu einem Liebesroman, einer Orgie an Verzweiflung, Seligkeit, Selbstzerfleischung und Selbsterniedrigung. Im April 1920 hatte Kafka die Journalistin Milena Jesenská bei einem Prag-Besuch in Gesellschaft gemeinsamer Freunde kennengelernt. Im Verlauf des Gesprächs teilte sie ihm ihre Absicht mit, zwei seiner Erzählungen ins Tschechische zu übersetzen – ein Punkt von beiderseitigem Interesse war angesprochen, eine Beziehung angeknüpft. Milena lebte in Wien in einer »sich allmählich auflösenden Ehe«, Franz Kafka war in Prag zu Hause; Begegnungen waren nur zeitweise möglich. Briefe mußten die Trennung überbrücken - sie wurden zu Dokumenten einer sich entwickelnden Leidenschaft.

Fischer Taschenbuch Verlag

fi 232 / 4

Franz Kafka
Briefe an Felice
und andere Korrespondenz
aus der Verlobungszeit

Herausgegeben von
Erich Heller und Jürgen Born
Band 1697

Franz Kafka lernt »die Berlinerin« Felice Bauer im August 1912 an einem Abend im Hause Max Brods kennen. Doch erst im September setzt jene Briefflut von Prag nach Berlin ein, deren Ton sich dann sehr schnell von »Sehr geehrtes Fräulein« über »Liebstes Fräulein« zu »Liebste« steigert. Tägliche Briefe, längere Pausen und wieder leidenschaftliche, seitenlange Beschwörungen beleuchten diese Beziehung, die zweimalige Verlobung, die Vermittlungsversuche Max Brods und Grete Blochs, einer Freundin Felicens; die Bindung löst sich erst 1917 mit dem Ausbruch von Kafkas Tuberkulose. Diese Briefe sind mehr als nur ein Dokument einer »privaten« Leidenschaft. Hier wird von neuem sichtbar, wie sich für Kafka Leben und Werk durchdringen: Felice Bauer leiht den Heldinnen seiner Werke – der Frieda Brandenfeld, dem Fräulein Bürstner bis hin zur Frieda des Schloßromans – nicht nur die Initialen ihres Namens. - Und die Verbindung scheitert nicht an einer Rivalin, sondern an der Literatur: Die Frage, ob er in einer Ehe mit ihr nicht seinem eigentlichen Beruf untreu werden müsse, sie mit dem Schreiben betrügen werde, beherrscht diese Briefe Kafkas.

Fischer Taschenbuch Verlag

fi 236 / 3

Franz Kafka
Schriften Tagebücher Briefe
Kritische Ausgabe

Herausgegeben von Jürgen Born, Gerhard Neumann,
Malcolm Pasley und Jost Schillemeit
unter Beratung von Nahum Glatzer (†), Rainer Gruenter (†),
Paul Raabe und Marthe Robert

Drucke zu Lebzeiten

Herausgegeben von Gerhard Neumann
Textband: Etwa 451 Seiten. Leinen
Apparatband: Etwa 512 Seiten. Leinen
Text- und Apparatband werden nur zusammen abgegeben
2 Bände im Schuber

Nachgelassene Schriften und Fragmente I

Herausgegeben von Malcolm Pasley
Textband: 460 Seiten. Leinen
Apparatband: 341 Seiten. Leinen
Text- und Apparatband werden nur zusammen abgegeben
2 Bände im Schuber

Nachgelassene Schriften und Fragmente II

Herausgegeben von Jost Schillemeit
Textband: 683 Seiten. Leinen/Apparatband: 495 Seiten. Leinen
Text- und Apparatband werden nur zusammen abgegeben
2 Bände im Schuber

Der Proceß

Herausgegeben von Malcolm Pasley
Textband: 357 Seiten. Leinen
Apparatband: 351 Seiten mit 4 Faksimiles. Leinen
Text- und Apparatband werden nur zusammen abgegeben
2 Bände im Schuber

S. Fischer

fi 229 / 5 a

Franz Kafka
Schriften Tagebücher Briefe
Kritische Ausgabe

Herausgegeben von Jürgen Born, Gerhard Neumann,
Malcolm Pasley und Jost Schillemeit
unter Beratung von Nahum Glatzer (†), Rainer Gruenter (†),
Paul Raabe und Marthe Robert

Das Schloß

Herausgegeben von Malcolm Pasley
Textband: 497 Seiten. Leinen/Apparatband: 491 Seiten. Leinen
Text- und Apparatband werden nur zusammen abgegeben
2 Bände im Schuber

Tagebücher

Herausgegeben von Hans-Gerd Koch, Michael Müller
und Malcolm Pasley
Textband: 1065 Seiten mit Faksimiles. Leinen
Apparatband: 445 S. Leinen/Kommentarband: 341 S. Leinen
Text-, Apparat- und Kommentarband werden nur zus. abgegeben
3 Bände im Schuber

Der Verschollene

Herausgegeben von Jost Schillemeit
Textband: 421 S. Ln./Apparatband: 273 S. mit 3 Faksimiles. Ln.
Text- und Apparatband werden nur zusammen abgegeben
2 Bände im Schuber

»Die historisch-kritische Gesamt-Ausgabe ist der wichtigste Beitrag zur Kafka-Forschung, der überhaupt denkbar ist. Der Nutzen der neuen Ausgabe liegt vor allem darin, daß sie erstens allen Zweifeln ein Ende setzt, und daß sie es zweitens erlaubt, die Entstehung des Romans bis in die feinsten Verzweigungen zu verfolgen.«

Ulrich Greiner

S. Fischer

fi 229 / 5 b

Franz Kafka.
Kritik und Rezeption zu seinen Lebzeiten
1912 - 1924

Herausgegeben von Jürgen Born
unter Mitwirkung von Herbert Mühlfeit und
Friedemann Spicker
216 Seiten mit 12 Faksimiles. Broschur

Franz Kafka.
Kritik und Rezeption
1924 - 1938

Herausgegeben von Jürgen Born
unter Mitwirkung von Elke Koch,
Herbert Mühlfeit und Mercedes Treckmann
508 Seiten mit einer Zeichnung und 11 Faksimiles. Ppbd.

»Der Kritiker von damals war, wenn er gut war, der Stellvertreter des Lesers, seiner Neugier und seiner Erschütterbarkeit.« (*Albert von Schirnding*) Die Namen sind zahlreich und gewichtig: neben den Freunden Max Brod, Oskar Baum, Felix Weltsch und Otto Pick werden Manfred Sturmann, Johannes Urzidil, Heinrich Eduard Jacob, Hermann Hesse, Ernst Weiß, Kurt Tucholsky und Siegfried Kracauer genannt. Mit »ersten Versuchen zu einem Gesamtbild von Autor und Werk« wird der Überblick vervollständigt: Ludwig Marcuse, Benno von Wiese, Walter Muschg, Hugo Friedrich und Egon Vietta tragen dazu bei. Die Kraft von Franz Kafkas Prosa fordert Resonanz – wie stark und echt, aber auch perspektivisch unterschiedlich sie gefunden wurde, zeigt dieser Band.

S. Fischer

fi 230 / 4